# BESTACTIVITYBOOKS.COM

Descubra Juegos Gratis Online

Disponibles Aquí:

**BestActivityBooks.com/FREEGAMES**

# 5 CONSEJOS PARA EMPEZAR

## 1) CÓMO RESOLVER LAS SOPA DE LETRAS

Los rompecabezas tienen un formato clásico:

- Las palabras se ocultan sin espacios ni guiones,...
- Orientación: Las palabras pueden escribirse hacia delante, hacia atrás, hacia arriba, hacia abajo o en diagonal (pueden estar invertidas).
- Las palabras pueden superponerse o cruzarse.

## 2) APRENDIZAJE ACTIVO

Junto a cada palabra hay un espacio para anotar la traducción. Para fomentar un aprendizaje activo, un **DICCIONARIO** al final de esta edición te permitirá comprobar y ampliar tus conocimientos. Busca y anota las traducciones, encuéntralas en el puzzle y añádelas a tu vocabulario!

## 3) MARCAR LAS PALABRAS

Puedes inventar tu propio sistema de marcado. ¿Quizás ya usas uno? También puedes, por ejemplo, marcar las palabras difíciles de encontrar con una cruz, las que te gustan con una estrella, las nuevas con un triángulo, las raras con un diamante, etc.

## 4) ESTRUCTURAR EL APRENDIZAJE

Esta edición ofrece un **CUADERNO DE NOTAS** muy práctico al final del libro. En vacaciones, de viaje o en casa, podrás organizar fácilmente tus nuevos conocimientos sin necesidad de un segundo cuaderno!

## 5) ¿HABÉIS TERMINADO TODAS LAS PARRILLAS?

En las últimas páginas de este libro, en la sección **DESAFÍO FINAL**, encontrarás un juego gratis!

¡Rápido y sencillo! Echa un vistazo a nuestra colección de libros de actividades para tu próximo momento de diversión y aprendizaje, ¡a sólo un clic de distancia!

Encuentre su próximo reto en:

BestActivityBooks.com/MiProximoLibro

# En sus marcas, listos, ¡Ya!

¿Sabías que hay unas 7.000 lenguas diferentes en el mundo? Las palabras son preciosas.

Nos encantan los idiomas y hemos trabajado duro para crear libros de la más alta calidad para tí. ¿Nuestros ingredientes?

Una selección de temas adecuados para el aprendizaje, tres buenas porciones de entretenimiento, y luego añadimos una cucharada de palabras difíciles y una pizca de palabras raras. Los servimos con cariño y máxima diversión para que puedas resolver los mejores juegos de palabras y te diviertas aprendiendo!

-------

Tu opinión es esencial. Puedes participar activamente en el éxito de este libro dejándonos un comentario. Nos encantaría saber qué es lo que más le ha gustado de esta edición.

Aquí hay un enlace rápido a tu página de pedidos:

BestBooksActivity.com/Opiniones50

Gracias por tu ayuda y diviértete!

*Todo el equipo*

# 1 - Ajedrez

```
Т Х Д О Н Я Е Д У Ю В С Ш О
О П Р А В И Л А Г М У А М П
Ч И Х В П А С С И В Н Ы Й П
К О Н К У Р С Щ Д Ь Р Ы Ш О
И С Ч Е Р Н Ы Й Ч Г К И Й Н
Н Т Ю Б Д Ь Ц И Е Б О С И Е
Л Р Ы Щ Ю И Ж Р М А Р И Г Н
Ъ А Т Д К М А У П Ц О Е Р Т
С Т Т Ы Ь Ф О Г И О Л К А Ж
Х Е Ч Л М Ш В И О Т Е Ч Е Л
Ы Г Ч П А Щ Р Г Н Н В Л Г Ы
Н И П В Т Ж Е Р Т В А Я Г М
Ы Я Ю И Ф И М О Г Б Е Л Ы Й
Т У Р Н И Р Я К О Р О Л Ь Ю
```

| | |
|---|---|
| БЕЛЫЙ | ОППОНЕНТ |
| ЧЕМПИОН | ПАССИВНЫЙ |
| КОНКУРС | ТОЧКИ |
| ДИАГОНАЛЬ | ПРАВИЛА |
| СТРАТЕГИЯ | КОРОЛЕВА |
| УМНЫЙ | КОРОЛЬ |
| ИГРА | ЖЕРТВА |
| ИГРОК | ВРЕМЯ |
| ЧЕРНЫЙ | ТУРНИР |

# 2 - Agua

```
О Р О Ш Е Н И Е Щ К Ы Д А Ы
К З Щ Ъ Ч Ф Х Е А Р Ь Е Б Щ
Е Г Е Й З Е Р Р Е К А Т О Н
А С Я Р В О Л Н Ы А У П Ш А
Н М О Р О З И Л П Н Щ Щ Ф В
К У Б В Е Ч С Е А А Ж А К О
Ь С Ч Л У Ц П Д Р Л С И Т Д
Ш С Н А Л Н А И У Р А Г А Н
В О Л Ж У Б Р М Т Р Р Е Ю Е
Д Н Ф Н Д Ц Е Ь С Ь Р В Я Н
В У О О О Ж Н Ю С Н Е Г О И
Д Ь Ш С Ж Д И Л Ч М Ж В Ж Е
Л М А Т Д Н Е А О Х Т Ш О С
А К Х Ь Ь Ц Г Б В Г Д Ы М Й
```

| | |
|---|---|
| КАНАЛ | ДОЖДЬ |
| ДУШ | МУССОН |
| ИСПАРЕНИЕ | СНЕГ |
| ГЕЙЗЕР | ОКЕАН |
| МОРОЗ | ВОЛНЫ |
| ЛЕД | ПИТЬЕВОЙ |
| ВЛАЖНОСТЬ | ОРОШЕНИЕ |
| УРАГАН | РЕКА |
| НАВОДНЕНИЕ | ПАР |
| ОЗЕРО | |

# 3 - Granja #2

```
Щ Л У Я Ч М Е Н Ь Т Л М О Ф
Ы А Т Ы Г Ф П Ъ Ч О Ж П В Е
Ч М К Х К Н Ш Л Х Т Л Г Ц Р
У А А Ю М О Е У Л Е Й Ф А М
Т К Ж Е Р Ь Н Н П А С Т И Е
Р У И А Д Г И Д О Е М М Ф Р
А К В К О А Ц В П К У Б Р Е
К У О В О Щ А Л Ж К Л Г А Ф
Т Р Т О Р О Ш Е Н И Е Ф Х Р
О У Н Л У Г Ъ П У Н О Б Ч У
Р З Ы Г Д Х Ю А Е И К Р Ф К
Ь А Е Г Р Ц А Б Х Д Ы Я К Т
Щ Ц Ь М О Л О К О Х Д Х Ь Я
Ш Х Х Ш Щ Ф Н Ю Г О С А Д Г
```

| | |
|---|---|
| ФЕРМЕР | ЛАМА |
| ЖИВОТНЫЕ | КУКУРУЗА |
| ЯЧМЕНЬ | ОВЦА |
| УЛЕЙ | ПАСТИ |
| ЕДА | УТКА |
| ЯГНЕНОК | ЛУГ |
| ФРУКТ | ОРОШЕНИЕ |
| АМБАР | ТРАКТОР |
| САД | ПШЕНИЦА |
| МОЛОКО | ОВОЩ |

# 4 - Mueble

```
К Ж Ч М Г Ь П Ш Ф Ф С Ж Ъ С
П Ъ Р Е А К Н Х С Е Е З Щ Т
О Н Ю Я М Ъ С О О Ъ Г Е Ч У
Д Ы О Ю А М Ш Н Ш Р Т Р Ъ Л
У Ф Б Е К О В Р И К О К Ц А
Ш У Р А В У А К Г Ц Т А К М
К Т Р Е С Л О П Ы Щ Л Р П
И О О М П О Д У Ш К А О О А
О Н Н Р А Т Г Ц Ч Ф Щ П В Д
У Б Ш Б Ы Т С К А М Ь Я А И
П О Л К И Ъ Р Т Е Х Щ Я Т В
К Л В Р И Х Ц А О А Г Т Ь А
П Д Л Р Х Х Ъ А С Л И В П Н
У Н С Ь Ж Ч Ъ Т А С Ш Б Д Е
```

КОВРИК
ПОДУШКА
СКАМЬЯ
КРОВАТЬ
ПОДУШКИ
МАТРАС
ШТОРЫ
СТОЛ

ЗЕРКАЛО
ПОЛКИ
ФУТОН
ГАМАК
ЛАМПА
СТУЛ
КРЕСЛО
ДИВАН

# 5 - Pesca

```
В Ы Щ Ч Ж К У Ж Ч Т Ч Я И Ъ
Я Р Ш Д Л Б Я Н Е Е П И Х Ж
Ф Л П Ж Ъ Г Ь Ъ Л Р О Л В М
В П О В А Р Ъ С Ю П Б В О Р
Ъ Р П О Ь Б Ю Б С Е О Е Ш Б
Д О Г Д Х Щ Р Т Т Н Р С О И
Д В М А Н О Ж Ы Ь И У Л З Е
В О К Ю О К Е А Н Е Д У Е К
К Д В О С Е З О Н Т О О Р К
П Р У Ч Р У Ш Ч Я Я В Ф О Н
Л Е Ю А Л З П Р И М А Н К А
Я К Я К Н Т И Щ Ь Р Н Е Р Л
Ж А Л О Д К А Н К Т И И Л Л
П Л А В Н И К И А Н Е Ф Я Б
```

| | |
|---|---|
| ВОДА | КРЮК |
| ПЛАВНИКИ | ОЗЕРО |
| ЛОДКА | ЧЕЛЮСТЬ |
| ЖАБРЫ | ОКЕАН |
| ПРОВОД | ТЕРПЕНИЕ |
| ПРИМАНКА | ВЕС |
| КОРЗИНА | ПЛЯЖ |
| ПОВАР | РЕКА |
| ОБОРУДОВАНИЕ | СЕЗОН |

# 6 - Aviones

```
П С П Р О П Е Л Л Е Р Ы В В
Щ Т О П Л И В О Г Ж Ь Е Ы Щ
В Р Д В И Г А Т Е Л Ь К С Н
О О Э К И П А Ж Щ Л У Ш О У
Д И Ю П Ю Н Д И З А Й Н Т Щ
О Т П О С А Д К А Ь Я Ц А Б
Р Е И Г К Д П А С С А Ж И Р
О Л Л О А У В О З Д У Х С Ь
Д Ь О Д Е В Ы Б О К Ш Н П С
Я С Т А Н А Т М О С Ф Е Р А
М Т Л Л П Т П У Л П Р Б П Г
Б В Ь Ж Д Ь Б И Ы Л У О М Г
Ь О В О З Д У Ш Н Ы Й Ш А Р
Б Л И К Е И С Т О Р И Я Ч О
```

| | |
|---|---|
| ВОЗДУХ | ВОЗДУШНЫЙ ШАР |
| ВЫСОТА | ПРОПЕЛЛЕРЫ |
| ПОСАДКА | ВОДОРОД |
| АТМОСФЕРА | ИСТОРИЯ |
| НЕБО | НАДУВАТЬ |
| ПОГОДА | ДВИГАТЕЛЬ |
| ТОПЛИВО | ПАССАЖИР |
| СТРОИТЕЛЬСТВО | ПИЛОТ |
| ДИЗАЙН | ЭКИПАЖ |

# 7 - Tipos de Cabello

```
Б  З  Р  М  Ж  К  Л  Ж  В  Х  С  К  Д  С
Л  Д  Ю  Я  К  У  П  Ы  Ъ  А  У  О  Л  С
Е  О  Т  Г  Ю  Д  К  О  С  Ы  Х  Р  И  И
С  Р  С  К  Б  Р  Ю  Е  С  Ы  О  И  Н  Д
Т  О  С  И  Л  Я  Ц  Ш  Т  С  Й  Ч  Н  И
Я  В  К  Й  О  В  Ф  Б  О  Е  Л  Н  Ы  К
Щ  Ы  А  У  Н  Я  Ж  Н  Р  А  Е  Й  О
И  Й  Л  Ш  Д  Й  Ц  С  К  Ы  Ж  В  Я  Р
Й  Е  Ь  Л  И  Р  Ц  Е  И  Й  П  Ы  Р  О
Ш  Б  П  Р  Н  Ъ  И  Р  Й  Ь  Ю  Й  О  Т
И  А  Е  Я  Ф  П  Л  Е  Т  Е  Н  Ы  Й  К
Б  Щ  Ъ  Л  Ф  С  Ч  Б  О  Ф  М  Щ  Д  А
Ы  Н  Т  Ф  Ы  Ч  Е  Р  Н  Ы  Й  В  П  Я
В  Ь  Е  У  Ч  Й  Т  О  Л  С  Т  Ы  Й  Ч
```

| | |
|---|---|
| БЕЛЫЙ | ЧЕРНЫЙ |
| БЛЕСТЯЩИЙ | СЕРЕБРО |
| СКАЛЬП | КУДРЯВЫЙ |
| ЛЫСЫЙ | КУДРИ |
| КОРОТКАЯ | БЛОНДИН |
| ТОНКИЙ | ЗДОРОВЫЙ |
| СЕРЫЙ | СУХОЙ |
| ТОЛСТЫЙ | МЯГКИЙ |
| ДЛИННЫЙ | ПЛЕТЕНЫЙ |
| КОРИЧНЕВЫЙ | КОСЫ |

# 8 - Ciencia Ficción

```
Х  Х  Д  Ь  А  У  В  Л  Ы  Т  С  Т  И  А
Т  Е  Х  Н  О  Л  О  Г  И  Я  Ц  А  Л  Т
Ч  Д  О  О  Р  А  К  У  Л  В  Е  И  Л  О
Т  Я  К  К  Л  О  Н  Ы  Б  З  Н  Н  Ю  М
У  Т  О  П  И  Я  Б  Х  М  Р  А  С  З  Н
П  Л  А  Н  Е  Т  А  О  Ф  Ы  Р  Т  И  Ы
Ц  Ф  П  У  Ы  П  Ю  Ю  Т  В  И  В  Я  Й
Г  А  Л  А  К  Т  И  К  А  Ы  Й  Е  У  У
А  Э  К  С  Т  Р  Е  М  А  Л  Ь  Н  Ы  Й
К  Н  И  Г  И  Р  О  М  А  Н  Ы  Н  Ъ  В
Ъ  Р  Е  А  Л  И  С  Т  И  Ч  Н  Ы  Й  Ю
К  И  Н  О  Г  Щ  Ъ  П  Щ  Р  Е  Й  Р  О
О  Г  О  Н  Ь  А  О  Р  О  Ж  Я  Г  И  Ъ
В  О  О  Б  Р  А  Ж  А  Е  М  Ы  Й  Х  И
```

| | |
|---|---|
| АТОМНЫЙ | КНИГИ |
| КИНО | ТАИНСТВЕННЫЙ |
| КЛОНЫ | МИР |
| СЦЕНАРИЙ | РОМАНЫ |
| ВЗРЫВ | ОРАКУЛ |
| ЭКСТРЕМАЛЬНЫЙ | ПЛАНЕТА |
| ОГОНЬ | РЕАЛИСТИЧНЫЙ |
| ГАЛАКТИКА | РОБОТЫ |
| ИЛЛЮЗИЯ | ТЕХНОЛОГИЯ |
| ВООБРАЖАЕМЫЙ | УТОПИЯ |

# 9 - Juguetes

```
В  Ч  П  О  Б  Х  Ь  Г  Ч  И  В  Л  С  Р
Х  Е  Г  И  Ш  А  Х  М  А  Т  Ы  Ю  А  О
Л  Ц  Л  М  Б  Е  Р  Г  Б  М  Ш  Б  М  Б
С  О  Х  О  Г  Г  Ю  А  Ь  Д  Ь  И  О  О
В  М  Д  Ф  С  Л  Щ  Я  Б  Ж  Г  М  Л  Т
Л  Ю  Х  К  А  И  М  Я  Ч  А  А  Ы  Е  К
Ь  Е  О  П  А  Н  П  Р  Г  У  Н  Й  Т  У
В  О  О  Б  Р  А  Ж  Е  Н  И  Е  Ы  И  К
Г  Р  У  З  О  В  И  К  Д  П  К  Ф  Г  Л
А  В  Т  О  М  О  Б  И  Л  Ь  Р  Ш  Р  А
Р  Е  М  Е  С  Л  А  Я  Ъ  Г  А  Ю  Ы  Х
Е  Я  Ю  М  П  О  Е  З  Д  Ц  С  Ь  С  Ь
Е  Г  О  Л  О  В  О  Л  О  М  К  А  Ж  Ф
М  Ы  Т  Ь  У  О  Ъ  Т  К  Н  И  Г  И  Ь
```

ШАХМАТЫ  
ГЛИНА  
РЕМЕСЛА  
САМОЛЕТ  
ЛОДКА  
ВЕЛОСИПЕД  
МЯЧ  
ГРУЗОВИК  
АВТОМОБИЛЬ  
ЛЮБИМЫЙ  

ВООБРАЖЕНИЕ  
ИГРЫ  
КНИГИ  
КУКЛА  
КРАСКИ  
РОБОТ  
ГОЛОВОЛОМКА  
БАРАБАНЫ  
ПОЕЗД

# 10 - Circo

```
П  К  Х  Ы  А  Ч  К  Р  Я  П  Я  Ф  З  М
А  А  О  Н  Ц  Т  Л  А  Т  О  Ж  Ш  Р  У
Р  П  Л  С  Ю  Н  О  З  Ш  К  И  В  И  З
А  П  Е  А  Т  Б  У  В  Ж  А  В  Ю  Т  Ы
Д  И  В  Р  Т  Ю  Н  Л  О  З  О  О  Е  К
Т  Ф  П  К  И  К  М  Е  Н  А  Т  Б  Л  А
Ш  Ч  Д  О  Г  Ф  А  К  Г  Т  Н  Е  Ь  Ж
Т  Ь  Ф  Н  Р  Ц  Г  А  Л  Ь  Ы  З  Щ  Е
Ш  Г  М  Ф  Ж  Д  И  Т  Е  Ы  Е  Ь  А  Ь
Б  И  Л  Е  Т  Т  Я  Ь  Р  Ю  Х  Я  Х  И
С  Т  О  Т  М  Щ  М  У  Ц  Н  Г  Н  В  Г
М  Л  Ь  Ы  Ж  П  А  К  Р  О  Б  А  Т  У
Ъ  Ю  О  Ч  Ф  Щ  Г  Ь  Ъ  Н  Е  Ж  Ю  Ж
Е  Щ  Ш  Н  О  Б  М  А  Н  Ы  В  А  Т  Ь
```

| | |
|---|---|
| АКРОБАТ | МАГИЯ |
| ЖИВОТНЫЕ | МАГ |
| БИЛЕТ | ЖОНГЛЕР |
| КОНФЕТЫ | ОБЕЗЬЯНА |
| ПАЛАТКА | ПОКАЗАТЬ |
| ПАРАД | МУЗЫКА |
| СЛОН | КЛОУН |
| РАЗВЛЕКАТЬ | ТИГР |
| ЗРИТЕЛЬ | КОСТЮМ |
| ЛЕВ | ОБМАНЫВАТЬ |

# 11 - Rellenar

```
С  Т  Р  У  Б  К  А  Б  С  Б  А  Н  К  А
У  П  У  Ч  А  Ц  П  И  Щ  У  Ж  Ъ  К  Ю
М  Л  Ъ  Е  Ю  Ж  Е  В  С  Т  Р  Ы  О  Д
К  Ф  К  М  Ф  Ч  Ж  Т  Д  Ы  Л  Б  Г  У
А  П  М  О  Х  Т  Е  Ц  Щ  Л  Ш  Т  Е  И
П  Б  А  Д  К  В  Ы  Л  Ы  К  Б  И  Ж  Е
В  А  З  А  Л  О  Т  О  К  А  Р  М  А  Н
К  С  Е  Н  П  Ч  Н  П  А  К  Е  Т  Л  У
О  С  В  Р  Б  Ж  Х  В  Ф  В  Г  И  Ы  Ц
Р  Е  Е  Е  Ю  П  Ы  Ш  Е  Ы  Ю  Т  Ъ  И
О  Й  Щ  М  Д  Ь  А  Н  Ъ  Р  П  Р  Н  Б
Б  Н  В  К  Щ  Р  Ю  П  Ъ  К  Т  Е  К  Ч
К  Б  О  Ч  К  А  О  М  К  А  Р  Т  О  Н
А  К  О  Р  З  И  Н  А  Н  А  У  Щ  Е  Я
```

| | |
|---|---|
| ЛОТОК | ВЕДРО |
| БОЧКА | БАССЕЙН |
| СУМКА | ВАЗА |
| КАРМАН | ЧЕМОДАН |
| БУТЫЛКА | ПАКЕТ |
| КОРОБКА | КОНВЕРТ |
| ПАПКА | БАНКА |
| КАРТОН | ТРУБКА |
| КОРЗИНА | |

# 12 - Granja #1

```
Ю  О  Б  Б  Л  Я  С  К  Ш  З  Е  М  Л  Я
П  С  Е  М  Е  Н  А  О  О  Е  И  Е  Г  Я
Н  П  В  Х  Ы  Ы  Ы  З  Б  Ш  Е  Д  Ф  Ъ
В  О  Р  О  Н  А  Ж  А  У  А  К  А  Г  Я
У  Л  И  Т  Ф  В  Ь  Х  З  Х  К  А  Ю  М
Д  Е  С  К  У  Р  И  Ц  А  П  Ю  А  Щ  Б
О  Л  У  О  Ф  Ы  Л  Б  Н  И  К  Н  Ь
Б  У  Ы  Р  М  Х  К  К  О  П  Ч  Е  Л  А
Р  Е  Я  О  А  Л  Л  Т  Р  Ш  Я  Щ  Ч  У
Е  Ф  Б  В  Ш  С  С  Е  Н  О  А  Л  Ф  С
Н  Ч  В  А  Ъ  Т  И  Л  О  С  В  Д  Т  Т
И  Ь  А  Я  Л  А  Ч  Е  С  Щ  О  Т  Ь  Е
Е  Ф  Д  И  Ы  Д  К  Ц  Е  С  Д  П  Ж  Г
Я  Х  Ф  Т  У  О  Ы  У  Л  Л  А  П  Ч  Ф
```

ПЧЕЛА
ВОДА
РИС
ОСЕЛ
ЛОШАДЬ
КОЗА
ПОЛЕ
ВОРОНА
УДОБРЕНИЕ
КОШКА

СЕНО
МЕД
СОБАКА
КУРИЦА
СТАДО
СЕМЕНА
ТЕЛЕЦ
ЗЕМЛЯ
КОРОВА
ЗАБОР

# 13 - Camping

```
Щ К М Г Я А П А Л А Т К А О
К О М П А С Р О Ш Я М Я Ш Х
А Ф Ъ М М Е И Г А М А К Л О
Р Щ В О З Е Р О Я Х К Е Я Т
Т Р Ь Д С Д О Н Ю С Ъ У П А
А Х В А Г К Д Ь Ж Е Ъ Ъ А Н
В Е Р Е В К А Е К А Щ Ь Д А
Т Ж Б У Ы Ч Г О Р А Ц Я Щ С
Н Ь Ж И В О Т Н Ы Е Н Ь И Е
Л Т К Л Я Ц П Т Ы С В О Л К
Г У Ю Е Н Ч Ш Т С П Ф Ь Э О
Ф О Н А Р Ь Л Е С А Я Ь Я М
Б С С А И П Б Ф Г С С Ч Ш О
О Б О Р У Д О В А Н И Е Ш Е
```

| | |
|---|---|
| ЖИВОТНЫЕ | ГАМАК |
| ДЕРЕВЬЯ | НАСЕКОМОЕ |
| ЛЕС | ОЗЕРО |
| КОМПАС | ФОНАРЬ |
| КАНОЭ | ЛУНА |
| ПАЛАТКА | КАРТА |
| ОХОТА | ГОРА |
| ВЕРЕВКА | ПРИРОДА |
| ОБОРУДОВАНИЕ | ШЛЯПА |
| ОГОНЬ | |

# 14 - Fruta

```
А Ы Я К В Я Л О К О К О С И
В Т Б И И Ь Г Д Ы Н Я Я Р И
О Ц Л В Ш Ь К О Ц У С П Ы Л
К Е О И Н Ж Ъ Д Д М Щ А Ж У
А Ч К К Я М Ю Щ П А П А Й Я
Д Ь О М А Л И Н А Н Ч В В П
О И Г Ж Л Я В Т К Г С Б И Я
Л В Ш А Н Ч Л И М О Н П Н П
Б Г Р У Ш А П К Ы Н Х Ы О П
К А О Р А Н Ж Е В Ы Й Х Г Ь
А Б Н Ъ Г Ч К Ч Р Щ Ж Д Р Ъ
Т Ч В А Б Р И К О С Б Ф А У
Ц Ь Ы Ч Н Е К Т А Р И Н Д Ш
А Н А Н А С Г У А В А К Е Ж
```

| | |
|---|---|
| АВОКАДО | ЯБЛОКО |
| АБРИКОС | ПЕРСИК |
| ЯГОДА | ДЫНЯ |
| ВИШНЯ | ОРАНЖЕВЫЙ |
| КОКОС | НЕКТАРИН |
| МАЛИНА | ПАПАЙЯ |
| ГУАВА | ГРУША |
| КИВИ | АНАНАС |
| ЛИМОН | БАНАН |
| МАНГО | ВИНОГРАД |

# 15 - Geología

```
Д  П  Б  Ъ  К  И  С  Л  О  Т  А  Щ  К  И
С  Л  О  Й  Р  О  Г  Е  Й  З  Е  Р  А  С
Р  О  Е  Ц  И  Д  Н  П  Б  Ъ  Я  С  М  К
Ж  У  Л  Я  С  К  У  Т  Е  А  Д  С  Е  О
Ш  Ы  Р  Ь  Т  В  С  Щ  И  Щ  Ю  Н  Н  П
Г  Я  Г  С  А  Я  И  Ц  А  Н  Е  Щ  Ь  А
Л  Я  Ь  Т  Л  К  П  Щ  М  Ъ  Е  Р  П  Е
А  С  Т  А  Л  А  Г  М  И  Т  Ы  Н  А  М
В  К  Э  Л  Ы  Л  Л  Б  Н  Ш  Ы  Н  Т  О
А  О  Р  А  П  Ь  Ц  К  Е  А  П  Б  А  Е
К  Р  О  К  Ж  Ц  Т  С  Р  П  Л  А  Т  О
Б  А  З  Т  Ы  И  К  В  А  Р  Ц  Л  М  Р
Ц  Л  И  И  А  Й  Д  Ч  Л  О  Н  Т  Н  Р
Т  Л  Я  Т  Я  С  С  И  Ы  Ю  Щ  В  Ш  А
```

| | |
|---|---|
| КИСЛОТА | СТАЛАКТИТ |
| КАЛЬЦИЙ | СТАЛАГМИТЫ |
| СЛОЙ | ИСКОПАЕМОЕ |
| ПЕЩЕРА | ГЕЙЗЕР |
| КОНТИНЕНТ | ЛАВА |
| КОРАЛЛ | ПЛАТО |
| КРИСТАЛЛЫ | МИНЕРАЛЫ |
| КВАРЦ | КАМЕНЬ |
| ЭРОЗИЯ | СОЛЬ |

# 16 - Plantas

```
Б О Б Ь Б О Ы Ц Б А М Б У К
О К Л И С Т Р В Д Е Р Е В О
Т С Ц Ы А Ф Г Е Ъ К Л Ж С Ю
А Я Г О Д А Л Т Ш К Ы С О У
Н Л Ь Х С Г И О У Ж Т К Л Д
И М Ю Г Ж П С К Р Ц Ч Л Н О
К Г Н Л Е К Т О Т А Г Е Ц Б
А Ш Д Е Ю А В Р И Р К С Е Р
Б Б Г П И П А Е К Ч А Х Ф Е
Ч И М Е Х Ч А Н И Ъ К В Н Н
В Д Л С П Ю Ы Ь Ю Г Т А А И
С О Ф Т Г Л Л Ч Ж Е У Я Ь Е
Б Ч М О Х Щ Ю Ы Ц Д С Ц В Г
Я И Л К У С Т Щ Ж Д Ш Х Н А
```

| | |
|---|---|
| КУСТ | ЛИСТВА |
| ДЕРЕВО | БОБ |
| БАМБУК | ПЛЮЩ |
| ЯГОДА | ТРАВА |
| ЛЕС | ЛИСТ |
| БОТАНИКА | САД |
| КАКТУС | МОХ |
| УДОБРЕНИЕ | ЛЕПЕСТОК |
| ЦВЕТОК | КОРЕНЬ |
| ФЛОРА | СОЛНЦЕ |

# 17 - Suministros de Arte

```
Ю  Ю  Ъ  К  Т  К  С  Ь  Г  Ъ  С  Ъ  Щ  К
Ф  В  Е  Л  А  С  Т  И  К  Л  Т  Ы  Р  А
Ш  С  М  Е  Ю  Щ  О  Ф  Ц  У  И  Е  У  Р
Д  Т  И  Й  Ф  Е  Л  И  Л  О  А  Н  М  А
К  Р  Е  А  Т  И  В  Н  О  С  Т  Ь  А  Н
А  Ш  П  К  Л  Ж  О  Б  Д  У  Ъ  С  Ш  Д
М  Е  А  В  Ш  Ю  Д  Т  У  В  У  Т  Ъ  А
Е  Ц  С  А  М  Я  А  Д  Ъ  М  Ч  У  Е  Ш
Р  В  Т  Р  М  Н  Я  Ы  Ь  И  А  Л  Ф  И
А  Е  Е  Е  Ч  Т  Ч  П  Щ  Д  А  Г  Х  Ы
О  Т  Л  Л  Ж  Р  А  М  Л  Е  Щ  Л  А  А
Е  А  И  И  К  Р  А  С  К  И  Т  Т  Ы  К
М  О  Л  Ь  Б  Е  Р  Т  П  И  Г  К  Щ  П
М  А  С  Л  О  Ч  Е  Р  Н  И  Л  А  И  Ь
```

МАСЛО
АКВАРЕЛИ
ВОДА
ГЛИНА
ЛАСТИК
МОЛЬБЕРТ
КАМЕРА
ЩЕТКИ
ЦВЕТА
КРЕАТИВНОСТЬ

ИДЕИ
КАРАНДАШИ
СТОЛ
БУМАГА
ПАСТЕЛИ
КЛЕЙ
КРАСКИ
СТУЛ
ЧЕРНИЛА

# 18 - Jardín

```
Г Ж Щ Д О Х Б О Д Л Х Г Р С
З А Б О Р Ж Т С Х О П Р У Д
Ш Л А Н Г К У С Т П С А Д С
Л К Т Ф Г А М А К А О Б П К
У Ъ У О Ш Д Р П С Т Р Л О А
Ж Я Т М Л Т Р А В А Н И Ч М
А Ц В Е Т О К Ь Ж Р Я Ы В Ь
Й Щ У Х Б У Ш Д Л Ц К Р А Я
К Р Ы Л Ь Ц О Н Е Я И О Л Л
А А Х А Д Т Г Х Е Р О Ф У И
И Б Щ Ю Ы И Ш П Ж Ж Е Р Л М
Ц Б Х К Х Л И Ч Н Х С В Ф Л
Я Я Ф Ю Г Т Е Р Р А С А О Ю
Ю С С А Б Ы Ы В Р Х М В О М
```

| | |
|---|---|
| КУСТ | СОРНЯКИ |
| ДЕРЕВО | ШЛАНГ |
| СКАМЬЯ | ЛОПАТА |
| ЛУЖАЙКА | КРЫЛЬЦО |
| ПРУД | ГРАБЛИ |
| ЦВЕТОК | ПОЧВА |
| ГАРАЖ | ТЕРРАСА |
| ГАМАК | БАТУТ |
| ТРАВА | ЗАБОР |
| САД | |

# 19 - Países #2

```
Ю Э А В Ш Н Щ Ф У В Б Г А И
Г Ы Ф В Ч Ж Ы Р Г Р А Р П Л
Е К Г И С Б Ш А А П В П Б Ч
П Л Ь М О Т Ы Н Н К С О А С
Ч Р Ж Ю Е П Р Ц Д Т Т Р Ы И
Д А Н И Я К И И А Ы Р Т Н Р
С У Д А Н Ю С Я Я Ы А У Я И
Ч М Л У К Р А И Н А Л Г М Я
Я П О Н И Я Ш Р К Ч И А А Г
А Л Б А Н И Я О К А Я Л Й Р
Т А Х И Н К О С Г Д Д И К Е
Ж О С Х Н К К С Ф Л Я Я А Ц
Ъ С С Ж П А К И С Т А Н Б И
И Р Л А Н Д И Я П Х Р Ф П Я
```

| | |
|---|---|
| АЛБАНИЯ | ЛАОС |
| АВСТРАЛИЯ | МЕКСИКА |
| АВСТРИЯ | ПАКИСТАН |
| ДАНИЯ | ПОРТУГАЛИЯ |
| ЭФИОПИЯ | РОССИЯ |
| ФРАНЦИЯ | СИРИЯ |
| ГРЕЦИЯ | СУДАН |
| ИРЛАНДИЯ | УКРАИНА |
| ЯМАЙКА | УГАНДА |
| ЯПОНИЯ | |

# 20 - Tecnología

```
Ф Х Ж П Я Ш Н П У В И Р У С
Б А Г И Ъ М Р Ц Ъ Б Ь Р А В
Н П Й Б К С Ю И Д А Н Н Ы Е
Л М У Л О О Д Ф Й Б Ъ В С
Ы В А А М О Ц Р К Т В Ф И Т
М К Ч Ц П Б К О А О Ф Ы Р А
Б Л О Г Ь Щ И В М В Б Д Т Т
Н Л В Я Ю Е Е О Е Б Р Ь У И
К Ж Ю Ы Т Н К Й Р И В Я А С
Ц И Л Ъ Е И Ъ У А Щ П В Л Т
Т Ф Н Ы Р Е Э К Р А Н Я Ь И
Б Е З О П А С Н О С Т Ь Н К
Б Р А У З Е Р А Ч Ц О Д Ы А
Г И Н Т Е Р Н Е Т Р М Й Р
```

| | |
|---|---|
| ФАЙЛ | ИНТЕРНЕТ |
| БЛОГ | СООБЩЕНИЕ |
| БАЙТОВ | БРАУЗЕРА |
| КАМЕРА | КОМПЬЮТЕР |
| КУРСОР | ЭКРАН |
| ДАННЫЕ | БЕЗОПАСНОСТЬ |
| ЦИФРОВОЙ | ВИРТУАЛЬНЫЙ |
| СТАТИСТИКА | ВИРУС |
| ШРИФТ | |

# 21 - Números

```
Я  С  Ш  Ь  Ч  Я  Т  В  С  Ш  Е  С  Т  Ь
Л  Д  Е  В  Я  Т  Ь  О  П  Ы  Ю  Е  Р  Ф
М  С  С  М  Ы  К  О  С  П  Я  Е  М  И  В
Ы  Я  Т  М  Н  Я  Ь  Е  А  Л  Т  Ь  П  О
Ч  Ъ  Н  Ш  У  А  Ъ  М  Т  Д  Щ  Ь  Ы  С
Н  Ф  А  Ы  Ф  К  Д  Ь  Ч  Е  Т  Ы  Р  Е
У  Ш  Д  Ш  Ф  К  Д  Ц  Я  С  С  Ж  С  М
Л  У  Ц  Щ  Е  Ч  Г  Ь  А  Я  П  О  О  Н
Ь  Ч  А  В  У  В  О  К  Г  Т  Ф  Щ  Ш  А
П  Я  Т  Н  А  Д  Ц  А  Т  Ь  Ь  П  Ш  Д
Х  Ш  Ь  Т  Р  И  Н  А  Д  Ц  А  Т  Ь  Ц
Д  Е  С  Я  Т  И  Ч  Н  Ы  Й  Д  В  А  А
Д  Е  В  Я  Т  Н  А  Д  Ц  А  Т  Ь  И  Т
Я  К  Ч  Е  Т  Ы  Р  Н  А  Д  Ц  А  Т  Ь
```

| | |
|---|---|
| ЧЕТЫРНАДЦАТЬ | ДЕСЯТЬ |
| НУЛЬ | ДВА |
| ПЯТЬ | ДЕВЯТЬ |
| ЧЕТЫРЕ | ВОСЕМЬ |
| ДЕСЯТИЧНЫЙ | ПЯТНАДЦАТЬ |
| ДЕВЯТНАДЦАТЬ | ШЕСТЬ |
| ВОСЕМНАДЦАТЬ | СЕМЬ |
| ШЕСТНАДЦАТЬ | ТРИНАДЦАТЬ |
| СЕМНАДЦАТЬ | ТРИ |

# 22 - Mitología

```
Л Е Г Е Н Д А Н М Е С Т Ь В
Ш Я К С О З Д А Н И Е А Н Ш
Б Е С С М Е Р Т И Е Я О Ц Ж
Л Н И М Н Р Е А М Н Ь Ъ Я Ъ
А Е Л Ь Е У Ч Л Р О Г Р О М
Б Б А С Н Р О Ы Т Х Л Ш Б У
И Е К У Л Ь Т У Р А Е Н О П
Р С Г Щ О Н Г Н Ч Ж Ц Т И Р
И А Е Е М Б Ъ М Ы А И Г И Я
Н П Р С А Ы Щ В Щ Й Ъ Ь А П
Т Х О Т П О В Е Д Е Н И Е Ц
Ф Я Й В У Б Е Ж Д Е Н И Я Ю
Я Д И О К А Т А С Т Р О Ф А
М О Н С Т Р В О И Н А С П Щ
```

| | |
|---|---|
| АРХЕТИП | ГЕРОЙ |
| НЕБЕСА | БЕССМЕРТИЕ |
| ПОВЕДЕНИЕ | ЛАБИРИНТ |
| СОЗДАНИЕ | ЛЕГЕНДА |
| УБЕЖДЕНИЯ | МОНСТР |
| СУЩЕСТВО | СМЕРТНЫЙ |
| КУЛЬТУРА | МОЛНИЯ |
| КАТАСТРОФА | ГРОМ |
| СИЛА | МЕСТЬ |
| ВОИН | |

# 23 - Ecología

```
Ф  В  О  Л  О  Н  Т  Е  Р  Ы  Ч  А  Б  Ъ
В  Л  Г  Ч  Ю  У  Я  Г  Т  Щ  Р  Т  О  А
Ф  А  О  П  П  Ф  С  Щ  Д  Ы  П  Щ  Л  М
Н  Ю  Р  Р  Е  С  У  Р  С  Ы  Я  Н  О  Р
Ъ  Д  Ы  И  А  Л  К  К  Н  С  И  Б  Т  Б
М  Б  Х  Р  Ц  В  С  С  У  Ш  И  К  О  Ъ
М  Г  Л  О  В  Ы  Ж  И  В  А  Н  И  Е  Ь
К  О  О  Д  С  О  О  Б  Щ  Е  С  Т  В  А
Л  Т  Р  А  Д  К  В  Ъ  В  Ч  Щ  В  И  Д
И  З  А  С  У  Х  А  Т  Ю  М  Х  Л  Б  Н
М  Щ  Н  В  К  Ф  А  У  Н  А  Ц  М  Ф  Ф
А  С  Е  Ю  Ь  О  Р  А  С  Т  Е  Н  И  Я
Т  П  Ж  Ь  Ъ  Ц  Й  Д  Л  Я  Т  О  Т  Ъ
Б  Г  Л  О  Б  А  Л  Ь  Н  Ы  Й  Ш  У  Ф
```

| | |
|---|---|
| КЛИМАТ | ПРИРОДА |
| СООБЩЕСТВА | БОЛОТО |
| ВИД | РАСТЕНИЯ |
| ФАУНА | РЕСУРСЫ |
| ФЛОРА | ЗАСУХА |
| ГЛОБАЛЬНЫЙ | ВЫЖИВАНИЕ |
| МОРСКОЙ | ВОЛОНТЕРЫ |
| ГОРЫ | |

# 24 - Herramientas

```
Л П Ф М Ю Ь Д Ь Ь Б Ю П Щ П
Е О Р Т О П О Р Ъ П Б Л Р Г
С Ю П А К Л Е Й Л Е Р О Ь У
Т Я Щ А В Ю О П Ю У И С У Е
Н Ю М Щ Т И К Т Н С Т К И Е
И В Т Ш Ж А Т С О Ю В О С В
Ц И Ы О В Е Р Е В К А Г Ф И
А Н О Ж Н И Ц Ы Л Ъ Ч У А Ю
С Т Е П Л Е Р Щ Н Ь Н Б К М
М К А Б Е Л Ь Ф Щ Ю А Ц Е О
К О Л Е С О С Г Т Ш Р Ы Л Ъ
Я У Я Т И Х И Н Ю Ж Ж Н О Ж
О К Т А Х Ф Т Щ Т Ш Ъ Ф Г А
Т Ы И Р Ф Ж Ц Т Ы Ь В Ч У А
```

| | |
|---|---|
| ПЛОСКОГУБЦЫ | МОЛОТОК |
| ФАКЕЛ | БРИТВА |
| КАБЕЛЬ | ЛОПАТА |
| НОЖ | КЛЕЙ |
| ВЕРЕВКА | ПРАВИТЕЛЬ |
| ЛЕСТНИЦА | КОЛЕСО |
| СТЕПЛЕР | НОЖНИЦЫ |
| ТОПОР | ВИНТ |

# 25 - Casa

```
Ц Ф Ъ Ж Г К В П Н А К Г Ф С
Д У Ш У А У Ш Г Г О О С Х С
Б В М З Р Х Н П О Д В А Л М
И Ь Е Е А Н А Ъ К У Р Д Е Т
Б Ф Т Р Ж Я К Л Н Б И В А К
Л Н Л К Ь Щ Ч Р О Г К П П Р
И Ч А А Ы К Д Н Ы Ъ И Ш Х А
О Б Ф Л Э В Ю Щ Г Ш Г П П Н
Т Е Ф О Н Т Х Ц Р Е А Ч Ж К
Е Е Х Ж С П А Л Ь Н Я Ъ Я Ч
К Ч В Ч Т М Щ Ж А Ц Е С А Д
А Г Ш Ч Е Р Д А К З А Б О Р
Ш Д У Ц Н А И Р Л Т Е Х Ъ М
Ь Я Б Л А М П А К А М И Н Ъ
```

| | |
|---|---|
| КОВРИК | КРАН |
| ЧЕРДАК | САД |
| БИБЛИОТЕКА | ЛАМПА |
| КАМИН | СТЕНА |
| КУХНЯ | ЭТАЖ |
| СПАЛЬНЯ | ДВЕРЬ |
| ДУШ | ПОДВАЛ |
| МЕТЛА | КРЫША |
| ЗЕРКАЛО | ЗАБОР |
| ГАРАЖ | ОКНО |

# 26 - Artes Visuales

```
Ц Н Я К А Р А Н Д А Ш Н Ф Г
Р Ч Я У Р Ф Б У У И Ф К Ш Л
Ц Х Г У Х Ъ К М Ю О Ф Н Е И
М Т Я Щ И У Г О Л Ь П М Д Н
Е Ф Л Б Т Л А К Ш У Ц В Е А
Л О Т П Е Р С П Е К Т И В А
Ь В Я Ж К П А Р У Ч К А Р И
Ы Ы А А Т Ж О Ф И Л Ь М Ъ Б
В О С К У К Е Р А М И К А И
Ю О Ф Л Р Ъ К Т Р Х Ъ Х И
С О С Т А В С Ч Ы Р Е Ж Т Ы
Х У Д О Ж Н И К Д Т Е Т Н Ы
Ж Б С Я М О Л Ь Б Е Р Т Ф Н
С К У Л Ь П Т У Р А Б Ы Ц Л
```

ГЛИНА
АРХИТЕКТУРА
ХУДОЖНИК
ЛАК
МОЛЬБЕРТ
УГОЛЬ
ВОСК
КЕРАМИКА
СОСТАВ

СКУЛЬПТУРА
КАРАНДАШ
ШЕДЕВР
ФИЛЬМ
ПЕРСПЕКТИВА
ТРАФАРЕТ
РУЧКА
ПОРТРЕТ
МЕЛ

# 27 - Escuela #2

```
К Ш Ж Г Т А К Ч О П Б Щ Ы О
Н О Д Е Ж Д А Т Ч Р У Г Щ Б
Ь А М В Е О Д Е К И М Р Ь Р
Ы Ш У П Б А Г Н Н П А А Б А
Г Ц Ъ К Ь В Ю И И А Г М И З
И Г Р Ы А Ю Ч Е Г С А М Б О
Т Р С Н У Х Т Р И Ы Т А Л В
Б Ю Л Щ В М С Е С О Ж Т И А
С К У С Л О В А Р Ь Л И О Н
Я З Ф И А В Т О Б У С К Т И
К А Л Е Н Д А Р Ь Е Ц А Е Е
Щ К У Ч И Т Е Л Ь Ю Ь Н К К
Ю Л Ж П М Ф К А Р А Н Д А Ш
А К А Д Е М И Ч Е С К И Й К
```

| | |
|---|---|
| АКАДЕМИЧЕСКИЙ | КАРАНДАШ |
| АВТОБУС | ЧТЕНИЕ |
| БИБЛИОТЕКА | КНИГИ |
| КАЛЕНДАРЬ | РЮКЗАК |
| НАУКА | КОМПЬЮТЕР |
| СЛОВАРЬ | БУМАГА |
| ОБРАЗОВАНИЕ | УЧИТЕЛЬ |
| ГРАММАТИКА | ОДЕЖДА |
| ИГРЫ | ПРИПАСЫ |

# 28 - Selva Tropical

| | | | | | | | | | | | | | |
|---|---|---|---|---|---|---|---|---|---|---|---|---|---|
| Ж | Щ | Е | У | Б | Е | Ж | И | Щ | Е | Ы | О | Д | А |
| С | Я | В | В | И | Д | Ю | И | Ч | Д | Ч | Г | В | А |
| М | Ъ | Р | А | З | Н | О | О | Б | Р | А | З | И | Е |
| Ц | О | Д | Ж | У | Н | Г | Л | И | Е | К | С | В | С |
| Е | Л | Х | Е | К | Л | И | М | А | Т | Я | В | Ы | О |
| А | Ч | Щ | Н | А | С | Е | К | О | М | Ы | Е | Ж | О |
| Я | М | Ш | И | П | Т | И | Ц | Ы | Ц | Л | Н | И | Б |
| Л | Ж | Ф | Е | П | Р | И | Р | О | Д | А | Ы | В | Щ |
| Л | А | С | И | Ц | Е | Н | Н | Ы | Й | Л | Ф | А | Е |
| А | Б | К | Ф | Б | Г | Ч | Е | Л | Б | У | Х | Н | С |
| Ф | П | Г | Б | Ъ | И | Г | Ь | М | Ы | М | Ъ | И | Т |
| М | Л | Е | К | О | П | И | Т | А | Ю | Щ | И | Е | В |
| Щ | Б | О | Т | А | Н | И | Ч | Е | С | К | И | Й | О |
| К | О | Б | Ф | Е | Ф | О | Б | Л | А | К | А | Р | Ъ |

АМФИБИИ
БОТАНИЧЕСКИЙ
КЛИМАТ
СООБЩЕСТВО
РАЗНООБРАЗИЕ
ВИД
НАСЕКОМЫЕ
МЛЕКОПИТАЮЩИЕ
МОХ

ПРИРОДА
ОБЛАКА
ПТИЦЫ
УБЕЖИЩЕ
УВАЖЕНИЕ
ДЖУНГЛИ
ВЫЖИВАНИЕ
ЦЕННЫЙ

# 29 - Colores

```
Ф П Ц Щ Б Е Л Ы Й Л Ц Р В Ш
Ц Х У З Е Л Е Н Ы Й И Я Ы Ю
Ш А Н Р О З О В Ы Й А Б Д Н
Ч Ь Ж Ш П Ъ Л У В О Н Ф Т К
Ф Т Ч И Ж У И Т И Н Д И Г О
Ц К А О И Р Р В Б Р В О Ш Р
Ъ Д Н Ш Р И Р Н Ъ У Л Л К И
О Ш Т Б Ы А Х И Ы Ч А Е Р Ч
И Ы У Ч Е Р Н Ы Й Й З Т А Н
С Е Р Ы Й Ж В Ж Й Л У О С Е
Ф У К С И Я Е Я Е О Р В Н В
С И Н И Й М Б В С В Н Ы Ы Ы
А Х М Р Ж Е Л Т Ы Й Ы Й Й Й
Ь С Е П И Я Ь С И Й Й Й У Б
```

| | |
|---|---|
| ЖЕЛТЫЙ | ПУРПУРНЫЙ |
| СИНИЙ | КОРИЧНЕВЫЙ |
| ЛАЗУРНЫЙ | ОРАНЖЕВЫЙ |
| БЕЖЕВЫЙ | ЧЕРНЫЙ |
| БЕЛЫЙ | ФИОЛЕТОВЫЙ |
| ЦИАН | КРАСНЫЙ |
| ФУКСИЯ | РОЗОВЫЙ |
| СЕРЫЙ | СЕПИЯ |
| ИНДИГО | ЗЕЛЕНЫЙ |

# 30 - Adjetivos #1

```
Ъ А Б С О Л Ю Т Н Ы Й Н Щ Ъ
А Р Ж Я Б Б А П Щ А Б Е Е М
Щ О Ш Р Т Ч О Ж А Е Т В Д К
В М Я К Я Е Т Л К Щ П И Р Ю
Ц А А И Ж С Е Р Ь Е З Н Ы Й
Е Т Ж Й Е Т М Я Щ Ш К Н Й Щ
Н И Ъ Н Л Н Н Т Н О О Ы Н Ф
Н Ч Ж Г Ы Ы Ы Х Т Ф У Й Я И
Ы Е И Ы Й Й Й М О Л О Д О Й
Й С О В Р Е М Е Н Н Ы Й Ц Н
А К Т И В Н Ы Й А Ж Ж Б Б Т
Ж И А М Б И Ц И О З Н Ы Й Т
Е Й С О В Е Р Ш Е Н Н Ы Й Ц
Е О Г Р О М Н Ы Й Д У В Ь Г
```

| | |
|---|---|
| АБСОЛЮТНЫЙ | ВАЖНЫЙ |
| АКТИВНЫЙ | НЕВИННЫЙ |
| АМБИЦИОЗНЫЙ | МОЛОДОЙ |
| АРОМАТИЧЕСКИЙ | СОВРЕМЕННЫЙ |
| ЯРКИЙ | ТЕМНЫЙ |
| ОГРОМНЫЙ | СОВЕРШЕННЫЙ |
| ЩЕДРЫЙ | ТЯЖЕЛЫЙ |
| БОЛЬШОЙ | СЕРЬЕЗНЫЙ |
| ЧЕСТНЫЙ | ЦЕННЫЙ |

# 31 - Familia

| Г | Х | Б | Д | Е | Д | Я | Д | Я | Х | Ч | П | Г | А |
|---|---|---|---|---|---|---|---|---|---|---|---|---|---|
| Д | Ж | Р | Е | Б | Е | Н | О | К | В | М | Р | Л | Ж |
| О | Е | А | Т | О | Б | Ы | П | Т | Р | А | Е | Е | Х |
| Ч | У | Т | И | М | У | Ж | Л | Г | Е | С | Д | Т | Д |
| Ь | С | Н | С | А | Я | С | Е | Ы | У | Ц | О | Т | О |
| П | Е | Х | П | Т | Т | Т | М | М | Ш | Ц | К | Е | Т |
| Л | С | Ы | Ш | Е | В | Р | Я | М | Г | О | В | Т | Ц |
| Е | Т | Я | Д | Р | Н | О | Н | Х | В | Ы | Б | Я | О |
| М | Р | Ш | Ф | И | У | Л | Н | Е | С | Ю | А | У | В |
| Я | А | Б | К | Н | К | Х | И | Р | Ж | Л | Б | Ю | С |
| Н | Е | Ю | Щ | С | Д | Ш | Ц | Ж | Ю | Щ | У | Е | К |
| Н | Щ | Ж | А | К | И | О | А | Н | Е | Б | Ш | Д | И |
| И | Д | Г | П | И | В | Ч | Ч | Ы | М | Н | К | Ж | Й |
| К | Ь | Ы | Я | Й | Н | Ж | Л | У | Ь | М | А | Т | Ь |

БАБУШКА
ДЕД
ПРЕДОК
ЖЕНА
СЕСТРА
БРАТ
ДОЧЬ
ДЕТСТВО
МАТЬ
МУЖ

МАТЕРИНСКИЙ
ВНУК
РЕБЕНОК
ДЕТИ
ОТЕЦ
ОТЦОВСКИЙ
ПЛЕМЯННИЦА
ПЛЕМЯННИК
ТЕТЯ
ДЯДЯ

# 32 - Disciplinas Científicas

```
С В Ь Ф Н Б Х Ю З Н Ж Д У И
Б О Щ И Е Ж И С О Т Ы М Д М
О Э Ц З В Г М О О Б Я Е Ф М
Т К Ю И Р Е И О Л И Х Х Ъ У
А О Ъ О О О Я Я О О М А В Н
Н Л Ц Л Л Л О Ф Г Х Г Н Я О
И О Ж О О О О Ъ И И А И Д Л
К Г Ъ Г Г Г О Г Я М А К Я О
А И Ь И И И Я Д И И Щ А Х Г
С Я И Я Я Я В Ъ Ъ Я С Е И И
А Н А Т О М И Я Е О М И Н Я
Т Е Р М О Д И Н А М И К А Ь
Л И Н Г В И С Т И К А И О К
А М А Р Х Е О Л О Г И Я Щ Щ
```

| | |
|---|---|
| АНАТОМИЯ | ИММУНОЛОГИЯ |
| АРХЕОЛОГИЯ | ЛИНГВИСТИКА |
| БИОЛОГИЯ | МЕХАНИКА |
| БИОХИМИЯ | НЕВРОЛОГИЯ |
| БОТАНИКА | ХИМИЯ |
| ЭКОЛОГИЯ | СОЦИОЛОГИЯ |
| ФИЗИОЛОГИЯ | ТЕРМОДИНАМИКА |
| ГЕОЛОГИЯ | ЗООЛОГИЯ |

# 33 - Gatos

```
О А М Ы Я Л М Г Х Ф Ъ К Ж Ю
Х Д Р Я Ь А А Г О В К Д Ш Ю
О М И С Б П Л И Ч Н О С Т Ь
Т П Ы К Р А Е О Д Р Г С Б И
Н Х А Ш И В Н Ю Н В О П Т Г
И М М К Ь Й Ь Б Ы С Т Р О Р
К Ю У Х Ф А К Л Н П Ь Я С И
О Л Ю Б Я Щ И Й Б Ю Ч Ж М В
С П А Т Ь Б Й М Е Х Р А Е Ы
Л Ю Б О П Ы Т Н Ы Й Е М Ш Й
Н Е З А В И С И М Ы Й Н Н К
С У М А С Ш Е Д Ш И Й Л О Я
З А С Т Е Н Ч И В Ы Й Щ Й Т
Ц Ц Ф Е А В Ч В Ч У Ф Т К С
```

| | |
|---|---|
| ЛЮБЯЩИЙ | СУМАСШЕДШИЙ |
| ОХОТНИК | ЛАПА |
| ХВОСТ | ЛИЧНОСТЬ |
| ЛЮБОПЫТНЫЙ | МЕХ |
| СПАТЬ | МАЛЕНЬКИЙ |
| КОГОТЬ | МЫШЬ |
| СМЕШНОЙ | БЫСТРО |
| ПРЯЖА | ДИКИЙ |
| НЕЗАВИСИМЫЙ | ЗАСТЕНЧИВЫЙ |
| ИГРИВЫЙ | |

# 34 - Cocina

```
У Ъ Ю С Ж Д С Ж Я У Н М Ч В
С Щ Ъ Ш Ъ Ч Т А Я Ц О Я А И
Ф С Р Ь Л Ъ А Щ Л Ч Ж Ф Й Л
Ю Ю Ф Е Х Ц Б Ш Х Ф И С Н К
Ш Л Г О Н Х Г А К А Е Ь И И
М О Р О З И Л К А И К Т К Щ
И Ж И С П Е Ц И И Г У Б К А
Г К Л М Е Ц Ъ В С Ч В А Р А
Ф И Ь Л Ч Н Х Х С А Ш Н Ч Л
Щ А Л Ж Ь Р Н Ь П Ш И К Е Н
Ж М Р Е Ц Е П Т К А Н А К Ч
Е Я Ж Т Д Ш Щ Е О А П Г М Ю
Д Л Х Н У И И Д В Р И П Я Ж
А К В Ъ Ъ К Х Д Ш П Л У Б М
```

| | |
|---|---|
| ЧАЙНИК | ПЕЧЬ |
| ЕДА | КУВШИН |
| МОРОЗИЛКА | ГРИЛЬ |
| ЛОЖКИ | РЕЦЕПТ |
| КОВШ | САЛФЕТКА |
| НОЖИ | БАНКА |
| ФАРТУК | ЧАШКИ |
| СПЕЦИИ | ЧАША |
| ГУБКА | ВИЛКИ |

# 35 - Escuela #1

```
П  Я  У  Н  Р  Э  Д  Р  У  З  Ь  Я  У  Е
К  А  Ш  У  Т  А  К  Г  Ю  А  Ъ  Н  Ч  П
А  Щ  П  Р  Г  Л  О  З  Х  Я  А  П  И  Ж
Р  Ъ  Я  К  Ф  Ф  Б  Т  А  Г  А  Ю  Т  Ш
А  Щ  Ш  В  И  А  Е  Б  В  М  Р  Р  Е  М
Н  В  И  С  Я  В  Д  У  Щ  Е  Е  У  Л  А
Д  С  Т  О  Л  И  Ш  М  Д  Ч  Т  Н  Ь  Т
А  Ч  И  Т  А  Т  Ь  А  М  Ы  Р  Ы  Ы  Е
Ш  М  Т  У  К  Н  И  Г  И  Ш  Г  Ц  А  М
Ч  И  С  Л  А  Л  М  А  Р  К  Е  Р  Ы  А
В  И  К  Т  О  Р  И  Н  А  С  Т  У  Л  Т
Б  И  Б  Л  И  О  Т  Е  К  А  Ш  Ч  С  И
Х  Л  Ш  Ц  Ь  Ф  П  А  Н  Ф  Г  К  В  К
В  Е  С  Е  Л  Ь  Е  Ш  А  Н  М  И  Ж  А
```

| | |
|---|---|
| АЛФАВИТ | ЧИТАТЬ |
| ОБЕД | КНИГИ |
| ДРУЗЬЯ | МАРКЕРЫ |
| БИБЛИОТЕКА | МАТЕМАТИКА |
| ПАПКИ | ЧИСЛА |
| ВЕСЕЛЬЕ | БУМАГА |
| СТОЛ | РУЧКИ |
| ВИКТОРИНА | УЧИТЕЛЬ |
| ЭКЗАМЕНЫ | ОТВЕТЫ |
| КАРАНДАШ | СТУЛ |

# 36 - Adjetivos #2

```
К  Ы  В  Щ  Т  В  О  Р  Ч  Е  С  К  И  Й
В  П  М  Ц  Ъ  У  П  С  И  Л  Ь  Н  Ы  Й
Х  Н  Х  И  Т  С  И  Н  З  С  У  Х  О  Й
С  О  Т  В  Е  Т  С  Т  В  Е  Н  Н  Ы  Й
Я  В  С  О  Н  А  А  М  Е  И  О  С  З  Э
М  Ы  Е  Г  Ю  Л  Т  Д  С  Н  Р  Ъ  Д  Л
С  Й  Т  Ж  А  Ы  Е  Ж  Т  Т  М  Е  О  Е
В  О  Ы  Л  И  Й  Л  С  Н  Е  А  Д  Р  Г
П  Ю  Л  О  Ч  Й  Ь  Г  Ы  Р  Л  О  О  А
Л  Р  И  Е  Г  Л  Н  О  Й  Е  Ь  Б  В  Н
К  Г  Я  Ч  Н  О  Ы  Р  Р  С  Н  Н  Ы  Т
Ъ  С  У  Н  Щ  Ы  Й  Д  Х  Н  Ы  Ы  Й  Н
Н  Л  Ц  М  Ы  Б  Й  Ы  Н  Ы  Й  Й  Ф  Ы
К  П  Ы  Р  И  Й  Ф  Й  Ш  Й  Х  И  В  Й
```

| | |
|---|---|
| УСТАЛЫЙ | НОРМАЛЬНЫЙ |
| СЪЕДОБНЫЙ | НОВЫЙ |
| ТВОРЧЕСКИЙ | ГОРДЫЙ |
| ОПИСАТЕЛЬНЫЙ | ПРЯНЫЙ |
| ЭЛЕГАНТНЫЙ | ОТВЕТСТВЕННЫЙ |
| ИЗВЕСТНЫЙ | СОЛЕНЫЙ |
| СВЕЖИЙ | ЗДОРОВЫЙ |
| СИЛЬНЫЙ | СУХОЙ |
| ИНТЕРЕСНЫЙ | |

# 37 - Cuerpo Humano

| Я | Ъ | С | Ф | Б | Ъ | О | Г | Щ | Е | Ц | Е | Ъ | Х |
|---|---|---|---|---|---|---|---|---|---|---|---|---|---|
| С | И | Е | Н | Ы | А | О | Ь | У | П | Н | Ь | С | Р |
| Ы | К | Р | О | В | Ь | В | Ь | Щ | У | Е | М | Р | П |
| У | Ш | Д | С | Н | Н | Ъ | М | Х | Я | И | Р | Ю | Ы |
| Р | Я | Ц | Ф | П | К | Ц | Ф | Ц | Ш | З | Т | Ф | Ж |
| Р | К | Е | Р | Я | М | Ы | О | Д | К | Р | Ы | Ш | Г |
| О | М | О | П | А | Л | Е | Ц | М | Р | У | П | К | О |
| Т | О | Ж | Л | П | О | Д | Б | О | Р | О | Д | О | К |
| Ъ | У | Ъ | Е | Е | Ш | О | Р | З | Ш | Е | Я | Ж | Н |
| Ш | Х | Д | Ч | Р | Н | Ж | У | Г | Ж | Ы | Л | А | О |
| Г | О | Л | О | В | А | О | К | Л | Ь | Х | Ж | С | Г |
| Л | О | К | О | Т | Ь | Ч | А | И | Ю | Ш | Т | Ы | А |
| А | Л | О | Д | Ы | Ж | К | А | Ц | У | А | П | Ь | П |
| З | Ю | Е | Ш | С | В | Щ | К | О | Ы | У | Ш | Л | Л |

ПОДБОРОДОК     ЯЗЫК
РОТ     РУКА
ГОЛОВА     НОС
ЛИЦО     ГЛАЗ
МОЗГ     УХО
ЛОКОТЬ     КОЖА
СЕРДЦЕ     НОГА
ШЕЯ     КОЛЕНО
ПАЛЕЦ     КРОВЬ
ПЛЕЧО     ЛОДЫЖКА

# 38 - Ciencia

```
П М О Ц Д А Н Н Ы Е О Ь Р Э
Г Р О У Ч Е Н Ы Й Ж Ш Щ А В
И Р И Л О Р Г А Н И З М С О
И Х А Р Е Н Ь И Н Ч У Л Т Л
С Ь Т В О К Л И М А Т А Е Ю
К Т О Г И Д У Н С С Д Б Н Ц
О Ж М И У Т А Л Ц Т С О И И
П Ь К П Ш В А А Ы И Б Р Я Я
А Р Е О Е Д С Ц Г Ц Е А Ф Ъ
Е Ю У Т М Ф Ъ Я И Ы В Т И Г
М И Н Е Р А Л Ы Т Я Ф О З Я
О Ш Г З Ч К М Е Т О Д Р И С
Е Ю Г А Е Т Д В С Я Ф И К Т
Э К С П Е Р И М Е Н Т Я А Д
```

| | |
|---|---|
| АТОМ | ГИПОТЕЗА |
| УЧЕНЫЙ | ЛАБОРАТОРИЯ |
| КЛИМАТ | МЕТОД |
| ДАННЫЕ | МИНЕРАЛЫ |
| ЭВОЛЮЦИЯ | МОЛЕКУЛЫ |
| ЭКСПЕРИМЕНТ | ПРИРОДА |
| ФИЗИКА | ОРГАНИЗМ |
| ИСКОПАЕМОЕ | ЧАСТИЦЫ |
| ГРАВИТАЦИЯ | РАСТЕНИЯ |
| ФАКТ | |

# 39 - Dinosaurios

```
Ъ  К  И  Б  К  Ж  М  У  Я  П  Б  Р  И  Ы
Е  В  С  Н  О  Р  Я  Г  Ь  К  О  Е  С  П
Ж  У  Ч  Д  О  Б  Ы  Ч  А  М  Л  П  К  О
Ц  Н  Е  Щ  П  И  Э  Л  У  А  Ь  Т  О  Р
Ч  Б  З  И  Я  Ы  В  Ъ  Ь  Щ  Ш  И  П  О
Н  Ф  Н  О  В  Я  О  Ц  Л  Я  О  Л  А  Ч
Ъ  Ф  О  З  Е  М  Л  Я  П  Ь  Й  И  Е  Н
С  В  В  И  О  Ю  Ю  П  Щ  К  Р  Я  М  Ы
В  Х  Е  У  М  Н  Ц  М  М  О  Щ  Н  Ы  Й
И  Б  Н  Н  Н  Х  И  Х  Р  А  З  М  Е  Р
Д  Ь  И  Щ  Е  Н  Я  С  В  Ф  М  Ы  Щ  Б
В  С  Е  Я  Д  Н  Ы  Й  У  О  Л  О  Н  Ц
Т  Р  А  В  О  Я  Д  Н  О  Е  С  М  Н  Ц
О  Г  Р  О  М  Н  Ы  Й  Н  Л  Е  Т  Я  Т
```

| | |
|---|---|
| КРЫЛЬЯ | МАМОНТ |
| ХВОСТ | ВСЕЯДНЫЙ |
| ИСЧЕЗНОВЕНИЕ | МОЩНЫЙ |
| ОГРОМНЫЙ | ДОБЫЧА |
| ВИД | РЕПТИЛИЯ |
| ЭВОЛЮЦИЯ | РАЗМЕР |
| ИСКОПАЕМЫЕ | ЗЕМЛЯ |
| БОЛЬШОЙ | ПОРОЧНЫЙ |
| ТРАВОЯДНОЕ | |

# 40 - Restaurante #2

```
В И Л К А С Ь С Т У Л С А У
К Т Е Л Д У Ь Е Ы Ъ О Ф З Ю
У П Д Ю Щ П П Р М Ф Ж А А Д
С П Е Ц И И Ь Ф Л Н К Ж К Я
Н Ю Я С О Л Ь П Р Щ А Ж У В
Ы Ч С Ю Б Ф Ч Я Н У Н Щ С М
Й Г Н С Е М И Й Б Р К К К Б
Б Н К А Д Л Щ Ц Р Ы Ч Т А А
С Ь Т Л П М А А И Б Т О Р Т
С Я Я А Т И Б В Ь А Ь Д Я Ъ
Е Л С Т И Г Т В Е Б Н Р Ж Ц
Ь Ф Ы Ю И О В О Щ И П Т Щ Ь
Ы Т Ж А У Щ Ч Д К О К Ш Ъ Л
Г Ы Т Л А П Ш А К Я Х О Г Д
```

| | |
|---|---|
| ВОДА | ФРУКТ |
| ЗАКУСКА | ЛЕД |
| НАПИТОК | ЯЙЦА |
| ОФИЦИАНТ | ТОРТ |
| ОБЕД | РЫБА |
| ЛОЖКА | СОЛЬ |
| ВКУСНЫЙ | СТУЛ |
| САЛАТ | СУП |
| СПЕЦИИ | ВИЛКА |
| ЛАПША | ОВОЩИ |

# 41 - Profesiones #1

```
П В У А С Т Р О Н О М Б Р П
И О В С О П А Д В О К А Т О
А Д С Ж Г Е О Л О Г Б Г М Ж
Н О К О Ц Т Я Р Ж Ъ Н Е У А
И П А Х Л Ъ П И Т Ъ Ф В З Р
С Р Р О Р М Ф Е У С Д Е Ы Н
Т О Т Т В Е Г К Б Д М Т К Ы
Ь В О Н В Д Д Р А Б Н Е А Й
Т О Г И Р С Т А Н Ц О Р Н Ы
Р Д Р К А Е Е Л К Ч А И Т Щ
Е Ч А П Ч С Ъ У И Т А Н У Ц
Н И Ф Л О Т И Ю Р И О А Н У
Е К В Ж Я Р Ю В Е Л И Р Ю Ц
Р Ж В Б Х А П С И Х О Л О Г
```

| | |
|---|---|
| АДВОКАТ | ПОСОЛ |
| АСТРОНОМ | МЕДСЕСТРА |
| СПОРТСМЕН | ТРЕНЕР |
| ТАНЦОР | ВОДОПРОВОДЧИК |
| БАНКИР | ГЕОЛОГ |
| ПОЖАРНЫЙ | ЮВЕЛИР |
| КАРТОГРАФ | МУЗЫКАНТ |
| ОХОТНИК | ПИАНИСТ |
| ВРАЧ | ПСИХОЛОГ |
| РЕДАКТОР | ВЕТЕРИНАР |

# 42 - Vehículos

```
О В Е Р Б А Т Ш У П В Щ Ж Ч
М Е Т Р О В Е Р Т О Л Е Т Е
А Л Р П О П Ы П А Р О М Ч Л
Л О А О Ю Л Т Ц Р К Ж О Л Н
О С К Е Д О Я А Ю Х Т Т У О
Д И Е З О Т Д Ч К Ь Ж О А К
К П Т Д Г Д Щ С К С Ш Р Р А
А Е А Ф П Р Ы Л Ф К И А К Р
В Д М Ж Л Ъ У Р Л Ж Н Ц А А
Т Ж Ч Ь Л Т Х З Ч О Ы Ш Ф В
О Н Ч А В Т О М О Б И Л Ь А
Б С А М О Л Е Т Г В Х Р Щ Н
У О Д А Ф У Р Г О Н И Ъ П Щ
С К У Т Е Р Ф Р У Ц Ъ К Ы О
```

| | |
|---|---|
| АВТОБУС | ФУРГОН |
| САМОЛЕТ | ВЕРТОЛЕТ |
| ПЛОТ | ЧЕЛНОК |
| ЛОДКА | МЕТРО |
| ВЕЛОСИПЕД | МОТОР |
| ГРУЗОВИК | ШИНЫ |
| КАРАВАН | СКУТЕР |
| АВТОМОБИЛЬ | ТАКСИ |
| РАКЕТА | ТРАКТОР |
| ПАРОМ | ПОЕЗД |

# 43 - Vacaciones #2

| И | Н | О | С | Т | Р | А | Н | Н | Ы | Й | П | М | Б |
|---|---|---|---|---|---|---|---|---|---|---|---|---|---|
| П | Е | Т | И | Ф | А | И | Х | Ю | В | Ф | А | Е | Р |
| А | А | Е | Н | И | Ю | К | Х | Щ | И | Ц | С | Д | О |
| Л | Ы | Л | Р | Ф | Б | Ж | С | Р | З | Г | П | О | Н |
| А | П | Ь | Е | М | С | С | М | И | А | Ц | О | С | И |
| Т | Р | И | С | О | Н | И | Ф | В | Ц | Ц | Р | У | Р |
| К | А | И | Т | Р | А | Н | С | П | О | Р | Т | Г | О |
| А | З | П | О | Е | З | Д | П | Т | О | П | Р | К | В |
| К | Д | Х | Р | Н | Ю | Б | Л | Ч | Ц | А | К | А | А |
| П | Н | Ю | А | Г | В | К | Р | Щ | В | Ч | У | Р | Н |
| Л | И | Т | Н | Г | О | Ч | К | Ф | Ш | И | Ь | Т | И |
| Я | К | Ф | Б | А | Э | Р | О | П | О | Р | Т | А | Е |
| Ж | Ч | Г | М | Ф | С | Ь | Ы | О | С | Т | Р | О | В |
| П | У | Т | Е | Ш | Е | С | Т | В | И | Е | О | С | С |

| | |
|---|---|
| АЭРОПОРТ | ПАСПОРТ |
| ПАЛАТКА | ПЛЯЖ |
| ИНОСТРАННЫЙ | БРОНИРОВАНИЕ |
| ФОТО | РЕСТОРАН |
| ОТЕЛЬ | ТАКСИ |
| ОСТРОВ | ТРАНСПОРТ |
| КАРТА | ПОЕЗД |
| МОРЕ | ПРАЗДНИК |
| ГОРЫ | ПУТЕШЕСТВИЕ |
| ДОСУГ | ВИЗА |

# 44 - Cumpleaños

```
Д  В  С  Р  П  К  А  Л  Е  Н  Д  А  Р  Ь
Р  О  Ч  О  Р  Ю  У  У  О  С  О  Б  Ы  Й
У  С  А  Ж  А  Т  П  Е  С  Н  Я  О  А  Ъ
З  П  С  Д  З  Г  О  Д  В  Р  Е  М  Я  Ш
Ь  О  Т  Е  Д  Д  Д  Е  Н  Ь  Л  Ю  К  Х
Я  М  Л  Н  Н  Р  А  Д  О  С  Т  Н  Ы  Й
Ы  И  И  Н  О  Ц  Р  М  Ч  Л  Ф  Ч  Т  М
П  Н  В  Ы  В  М  О  Л  О  Д  О  Й  О  Ъ
С  А  Ы  Й  А  Е  К  К  Я  Ф  В  Б  Р  И
П  Н  Й  П  Н  Ы  С  К  А  Р  Т  Ы  Т  Ч
Ш  И  Ъ  Ж  И  С  В  Е  Ч  И  Ж  В  Р  Щ
Б  Я  Х  А  Е  М  И  К  Л  Ю  В  Б  Ж  Л
М  У  Д  Р  О  С  Т  Ь  Ь  Ь  Ф  В  Р  У
Г  Х  Ь  П  Р  И  Г  Л  А  Ш  Е  Н  И  Я
```

| | |
|---|---|
| РАДОСТНЫЙ | ПРИГЛАШЕНИЯ |
| ДРУЗЬЯ | МОЛОДОЙ |
| ГОД | РОЖДЕННЫЙ |
| КАЛЕНДАРЬ | ТОРТ |
| ПЕСНЯ | ВОСПОМИНАНИЯ |
| ПРАЗДНОВАНИЕ | ПОДАРОК |
| ВЕСЕЛЬЕ | МУДРОСТЬ |
| ДЕНЬ | КАРТЫ |
| ОСОБЫЙ | ВРЕМЯ |
| СЧАСТЛИВЫЙ | СВЕЧИ |

# 45 - Baile

```
Г У Я Ю Р В С Т Е Л О Н С М
Р О С Д М Ы Б К К Ц А Р Д Ь
А Ы Ч И М Р Е П Е Т И Ц И Я
Ц Н Ь У Р А Д О С Т Н Ы Й П
И Т Т Е А З Б З И Т С Ы М А
Я Э М О Ц И Я А Ю Ш Я Я У Р
В Ы Ж В К Т Р И Т М Ч А З Т
Щ Д В И Ж Е Н И Е Ш Л К Ы Н
Я Ю У К У Л Ь Т У Р А А К Е
П Я Ь Ф Б Ь Р К Я Г Л Д А Р
Н Н Х П Ю Н Р Е У В Ж Е И Ю
Р Ъ Е Х Е Ы К О Д Ъ Е М Т Х
О М Ю И Щ Й П П Ъ Б А И М Ы
Х О Р Е О Г Р А Ф И Я Я Ч Щ
```

| | |
|---|---|
| АКАДЕМИЯ | ВЫРАЗИТЕЛЬНЫЙ |
| РАДОСТНЫЙ | ГРАЦИЯ |
| ХОРЕОГРАФИЯ | ДВИЖЕНИЕ |
| ТЕЛО | МУЗЫКА |
| КУЛЬТУРА | ПОЗА |
| ЭМОЦИЯ | РИТМ |
| РЕПЕТИЦИЯ | ПАРТНЕР |

# 46 - Matemáticas

```
К С В П Я Ж Ц Б В Э Ф П П Б
У Ф П У А Я У Ч А К Р О Р П
Г Е Е Р Ъ Р И В Я С А Л Я Е
Л Р Р А Ю Д А В Ф П К И М Р
Ы А П В Ч И С Л А О Ц Г О И
Г П Е Н Б А И Я Л Н И О У М
Е Л Н Е Я М М Б Ь Е Я Н Г Е
О О Д Н Ю Е М О Ш Н Л Ы О Т
М Щ И И О Т Е А Б Т В Ь Л Р
Е А К Е У Р Т Ы Б Ъ Ь Ч Ь А
Т Д У Ц К У Р Г Ь Л Е Е Н Д
Р Ь Л А Ю П И Д Р С М М И И
И И Я Д К Ч Я Б С О Е Ч К У
Я Ю Р А Р И Ф М Е Т И К А С
```

| | |
|---|---|
| АРИФМЕТИКА | ЧИСЛА |
| УГЛЫ | ПАРАЛЛЕЛЬ |
| ПЛОЩАДЬ | ПЕРИМЕТР |
| ДИАМЕТР | ПЕРПЕНДИКУЛЯР |
| УРАВНЕНИЕ | ПОЛИГОН |
| СФЕРА | РАДИУС |
| ЭКСПОНЕНТ | ПРЯМОУГОЛЬНИК |
| ФРАКЦИЯ | СИММЕТРИЯ |
| ГЕОМЕТРИЯ | ОБЪЕМ |

# 47 - Restaurante #1

```
О  Ф  И  Ц  И  А  Н  Т  К  А  Б  Ф  И  А
Щ  Ф  Ч  А  Ш  А  Ю  Щ  Ц  К  Р  Т  Н  Л
Ф  Н  Ш  Ъ  Е  П  Е  Д  А  Т  О  С  Г  Л
К  У  Р  И  Ц  А  Ъ  Д  Ъ  Ф  Н  А  Р  Е
Ю  Ц  С  К  Ч  Х  М  Е  Н  Ю  И  Л  Е  Р
К  К  О  Ф  Е  Л  К  С  О  И  Р  Ф  Д  Г
С  А  Ч  П  К  Е  Ю  Е  Ж  Я  О  Е  И  И
М  Я  С  О  Р  Б  П  Р  Ж  Ч  В  Т  Е  Я
К  Ж  Е  С  Ч  Я  Ш  Т  В  П  А  К  Н  Р
Б  У  Ш  Ь  И  Р  Н  У  Р  С  Н  А  Т  Ж
Т  Ч  Х  Ч  В  Р  Д  Ы  О  О  И  Г  Ы  Т
А  Я  А  Н  Г  Б  Ш  Ъ  Й  У  Е  Н  У  Ф
Ч  Я  Н  М  Я  Н  О  С  Г  С  М  Щ  Ы  Л
К  Ы  Ю  Г  Х  И  Д  И  М  Р  И  Ш  Р  Ж
```

| | |
|---|---|
| АЛЛЕРГИЯ | МЕНЮ |
| КОФЕ | ХЛЕБ |
| КАССИР | ПРЯНЫЙ |
| ОФИЦИАНТКА | КУРИЦА |
| МЯСО | ДЕСЕРТ |
| КУХНЯ | БРОНИРОВАНИЕ |
| ЕДА | СОУС |
| НОЖ | САЛФЕТКА |
| ИНГРЕДИЕНТЫ | ЧАША |

# 48 - Profesiones #2

```
Л Ж Б П Г Т Ю Щ Б З Г Ь С Я
И Ъ У И И Б И Д И О Н И Т А
Н Д Ч Р Б Л И Д О О Ю С О А
Г Т И Л Н Л О Е Л Л П С М Ю
В Ф Т Ю Щ А И Т О О Д Л А И
И Р Е В О С Л О Г Г Е Е Т Н
С Х Л Ф С Т Д И Т Б Т Д О Ж
Т И Ь И Ь Р Ы В С Е Е О Л Е
М Р Ч Л Х О Т Я Ф Т К В О Н
Х У Д О Ж Н И К Н Я Т А Г Е
М Р Е С Ф А О Ъ М Ф И Р Р Р
У Г Ш О О В Р А Ч В В Е Ч Ь
Е Н Я Ф О Т О Г Р А Ф Л Е А
Б П С А Д О В Н И К Ш Ь К И
```

| | |
|---|---|
| АСТРОНАВТ | ИССЛЕДОВАТЕЛЬ |
| БИБЛИОТЕКАРЬ | САДОВНИК |
| БИОЛОГ | ЛИНГВИСТ |
| ХИРУРГ | ВРАЧ |
| СТОМАТОЛОГ | ЖУРНАЛИСТ |
| ДЕТЕКТИВ | ПИЛОТ |
| ФИЛОСОФ | ХУДОЖНИК |
| ФОТОГРАФ | УЧИТЕЛЬ |
| ИНЖЕНЕР | ЗООЛОГ |

# 49 - Senderismo

```
Я Д О Г О Р А Ю Я Ч Л И У С
Г Ю Ь Р П Р И Р О Д А Д С Ж
Ф К И Б И О Ф Ф Ю К Ь Ы Т С
К А Р Т А Е Д Ф Б С Ь Ь А О
Г М Б К Я О Н Г Б И М Н Л Л
У Н Х Л Ц В В Т О Р Ф К Ы Н
Д И К И Й И О Ь А Т Д Г Й Ц
С Т П М Х П Ш Д Щ Ц О П Ю Е
А Я А А У Т Е С А Е И В Ф Ъ
М Ж Р Т Б О Т И Н К И Я К А
М Е К Е М П И Н Г Л О Х Ш А
И Л И Ъ Ж И В О Т Н Ы Е Щ Б
Т Ы М В Р Ц И Ы В Ч Ь П А
Ф Й Ь В Б Ф И Х Х Ш В М Ы Ы
```

| | |
|---|---|
| УТЕС | ГОРА |
| ВОДА | ПРИРОДА |
| ЖИВОТНЫЕ | ОРИЕНТАЦИЯ |
| БОТИНКИ | ПАРКИ |
| КЕМПИНГ | ТЯЖЕЛЫЙ |
| УСТАЛЫЙ | КАМНИ |
| КЛИМАТ | ПОДГОТОВКА |
| САММИТ | ДИКИЙ |
| КАРТА | СОЛНЦЕ |

# 50 - Naturaleza

```
П  Я  Б  Г  Т  М  Ъ  Я  С  Р  Е  К  А  К
У  Л  Е  С  Т  Д  С  Щ  В  Ж  Л  А  Д  Р
С  Е  З  К  И  Н  И  Щ  Я  Я  И  Р  Т  А
Т  Д  М  М  Д  Ж  Б  К  Т  Ъ  С  К  Ь  С
Ы  Н  Я  П  Э  Р  О  З  И  Я  Т  Т  Г  О
Н  И  Т  Г  О  Р  Ы  А  Л  Й  В  И  Ч  Т
Я  К  Е  Ш  Б  Х  Н  И  И  Р  А  Ч  О  А
Е  Г  Ж  Н  Л  Ы  Щ  Х  Щ  Ы  Б  Е  Т  М
Х  И  Н  Я  А  К  П  Ч  Е  Л  Ы  С  У  И
У  Г  Ы  У  К  Р  Ы  Т  И  Е  Ю  К  М  Р
Т  Ч  Й  Д  А  Е  Я  А  Ш  Т  О  И  А  Н
Д  И  Н  А  М  И  Ч  Е  С  К  И  Й  Н  Ы
У  Т  Р  О  П  И  Ч  Е  С  К  И  Й  Ч  Й
Г  Ж  И  В  О  Т  Н  Ы  Е  Ь  И  А  Ш  П
```

| | |
|---|---|
| ПЧЕЛЫ | ГОРЫ |
| ЖИВОТНЫЕ | ТУМАН |
| АРКТИЧЕСКИЙ | ОБЛАКА |
| КРАСОТА | МИРНЫЙ |
| ЛЕС | УКРЫТИЕ |
| ПУСТЫНЯ | РЕКА |
| ДИНАМИЧЕСКИЙ | ДИКИЙ |
| ЭРОЗИЯ | СВЯТИЛИЩЕ |
| ЛИСТВА | БЕЗМЯТЕЖНЫЙ |
| ЛЕДНИК | ТРОПИЧЕСКИЙ |

# 51 - Vacaciones #1

```
Ъ И Ы В В Т Р О Ф Л Е Ю Е С
Ф Г Ю О А А Е З Ч Б П С Ш Ж
Д Ш М Х Л М Л О Щ П Ж Н Ц Б
М М Я Ю Ю О А Н Д К Ш П М К
С К У И Т Ж К Т Р Ю К З А К
А Ц Ъ З А Н С И Б Ь В Н Р Ч
М Р М Ш Е Я А К И Ъ Ж Ч Ш Е
О З Е Р О Й Ц Г Л Ь Я Ъ Р М
Л Ш О Ю К И И К Е Ж К И У О
Е Ю Х Ц Ю Щ Я Л Т Н Е Щ Т Д
Т С А В Т О М О Б И Л Ь Н А
Д Р Ш Т Р А М В А Й Ц П Е Н
Э К С П Е Д И Ц И Я Т О Х Х
П Л А В А Т Ь Т У Р И С Т Ч
```

| | |
|---|---|
| ТАМОЖНЯ | РЮКЗАК |
| САМОЛЕТ | ВАЛЮТА |
| БИЛЕТ | МУЗЕЙ |
| АВТОМОБИЛЬ | ПЛАВАТЬ |
| ЭКСПЕДИЦИЯ | ЗОНТИК |
| МАРШРУТ | РЕЛАКСАЦИЯ |
| ОЗЕРО | ТРАМВАЙ |
| ЧЕМОДАН | ТУРИСТ |

# 52 - Conduciendo

```
А  Д  В  Г  Л  П  Л  Г  П  К  Б  П  Ч  Ч
Р  В  В  Ф  У  Л  Т  А  Е  Ъ  К  Ы  Е  У
М  П  Т  И  Б  К  Ц  Р  Ш  Ж  В  Г  Я  Х
А  О  Р  О  Ж  Ы  Я  А  Е  А  О  Т  Х  О
В  Л  А  П  М  Е  Л  Ж  Х  Н  Х  Г  Щ  Ч
А  И  Н  А  Г  О  Н  Т  О  Р  М  О  З  А
Р  Ц  С  С  Ч  А  Б  И  Д  М  О  Т  О  Р
И  И  П  Н  Ы  Е  З  И  Е  Б  Н  В  Б  Т
Я  Я  О  О  Х  К  Ы  Ь  Л  Ж  Н  Д  К  О
Т  Ц  Р  С  Ы  А  Ф  Ц  Ы  Ь  О  Х  А  П
Д  Ц  Т  Т  Г  Р  У  З  О  В  И  К  Р  Л
Б  П  Ч  Ь  М  О  Т  О  Ц  И  К  Л  Т  И
У  Л  И  Ц  А  Т  У  Н  Н  Е  Л  Ь  А  В
Б  Е  З  О  П  А  С  Н  О  С  Т  Ь  Ф  О
```

| | |
|---|---|
| АВАРИЯ | МОТОЦИКЛ |
| УЛИЦА | МОТОР |
| ГРУЗОВИК | ПЕШЕХОД |
| АВТОМОБИЛЬ | ОПАСНОСТЬ |
| ТОПЛИВО | ПОЛИЦИЯ |
| ТОРМОЗА | БЕЗОПАСНОСТЬ |
| ГАРАЖ | ТРАНСПОРТ |
| ГАЗ | ДВИЖЕНИЕ |
| КАРТА | ТУННЕЛЬ |

# 53 - Ballet

| Н | Р | Ч | Х | С | Т | И | Л | Ь | М | Ц | Ь | Т | Т |
|---|---|---|---|---|---|---|---|---|---|---|---|---|---|
| Б | А | Л | Е | Р | И | Н | А | Х | Г | Ы | Ж | А | Б |
| А | К | В | П | Ц | Ы | Т | У | О | Щ | Я | Ш | Н | В |
| П | О | Р | Ы | И | М | Е | Д | Р | И | Т | М | Ц | И |
| Л | М | Е | Ь | К | У | Н | И | Е | У | П | Т | О | Ы |
| О | П | П | В | Н | З | С | Т | О | Р | Р | С | Р | Я |
| Д | О | Е | Ч | К | Ы | И | О | Г | Р | А | О | Ы | Р |
| И | З | Т | П | У | К | В | Р | Р | Т | К | Р | К | Е |
| С | И | В | Х | А | Н | И | А | Е | Т | К | К | И |
| М | Т | Ц | А | Б | У | О | Я | Ф | Х | И | Е | Ъ | Я |
| Е | О | И | Б | Ж | Е | С | Т | И | Н | К | С | Ц | В |
| Н | Р | Я | И | У | Л | Т | Ъ | Я | И | А | Т | Ж | Ю |
| Т | Ж | Д | У | Ь | О | Ь | Ж | Ф | К | Ъ | Р | Ы | В |
| Ы | С | О | Л | О | В | Ч | Ы | Щ | А | П | Ю | М | Ю |

| | |
|---|---|
| АПЛОДИСМЕНТЫ | ИНТЕНСИВНОСТЬ |
| АУДИТОРИЯ | УРОКИ |
| БАЛЕРИНА | МЫШЦЫ |
| ТАНЦОРЫ | МУЗЫКА |
| КОМПОЗИТОР | ОРКЕСТР |
| ХОРЕОГРАФИЯ | ПРАКТИКА |
| РЕПЕТИЦИЯ | РИТМ |
| СТИЛЬ | СОЛО |
| ЖЕСТ | ТЕХНИКА |
| НАВЫК | |

# 54 - Aventura

| | | | | | | | | | | | | |
|---|---|---|---|---|---|---|---|---|---|---|---|---|
| Э | Д | Е | Я | Т | Е | Л | Ь | Н | О | С | Т | Ь | О |
| Н | К | Ц | О | Л | С | И | Т | Н | Ъ | Ы | Г | Ш | Ж |
| К | О | С | Н | Е | О | Б | Ы | Ч | Н | Ы | Й | А | Т |
| К | Ф | В | К | Г | Б | А | С | А | К | В | С | Н | Р |
| В | Ф | Ф | Ы | У | М | А | Р | Ш | Р | У | Т | С | У |
| Ш | Ж | М | Т | Й | Р | А | И | Л | А | Г | Х | Р | Д |
| Б | Е | З | О | П | А | С | Н | О | С | Т | Ь | А | Н |
| Д | Р | У | З | Ь | Я | У | И | Я | О | П | О | Д | О |
| К | Б | С | Г | Ч | М | Ш | А | Я | Т | Р | П | О | С |
| П | О | Д | Г | О | Т | О | В | К | А | И | А | С | Т |
| Р | Э | Н | Т | У | З | И | А | З | М | Р | С | Т | Ь |
| Н | А | В | И | Г | А | Ц | И | Я | Б | О | Н | Ь | Х |
| Х | Р | А | Б | Р | О | С | Т | Ь | Н | Д | Ы | Р | У |
| Ш | Р | Ы | Я | Я | Ъ | Ч | П | С | Ц | А | Й | Ы | Х |

ДЕЯТЕЛЬНОСТЬ
РАДОСТЬ
ДРУЗЬЯ
КРАСОТА
ТРУДНОСТЬ
ЭНТУЗИАЗМ
ЭКСКУРСИЯ
НЕОБЫЧНЫЙ
МАРШРУТ

ПРИРОДА
НАВИГАЦИЯ
НОВЫЙ
ШАНС
ОПАСНЫЙ
ПОДГОТОВКА
БЕЗОПАСНОСТЬ
ХРАБРОСТЬ

# 55 - Pájaros

| К | У | К | У | Ш | К | А | Ъ | Ф | И | К | В | Д | Ж |
|---|---|---|---|---|---|---|---|---|---|---|---|---|---|
| А | Ж | А | Ч | Я | Я | А | Г | У | С | Ь | О | Н | П |
| Щ | Г | У | И | О | Й | Х | Ы | Ф | Т | Л | Р | Е | О |
| А | Д | И | И | С | Ф | Ц | П | Л | Р | Е | О | К | П |
| Ч | А | Й | К | А | Т | Щ | О | А | А | Б | Н | У | Е |
| В | О | Р | О | Б | Е | Й | П | М | У | Е | А | Р | Л |
| П | Р | А | Ъ | Д | Ы | Ы | У | И | С | Д | П | И | И |
| Ф | Е | Ъ | Ю | Щ | У | Ф | Г | Н | Н | Ь | Ф | Ц | К |
| Б | Л | Ф | Е | Ж | Ч | Ц | А | Г | Т | Г | Ч | А | А |
| Ц | А | П | Л | Я | Г | О | Й | О | У | Ч | В | Р | Н |
| М | У | Г | О | Л | У | Б | Ь | Ъ | К | Г | Ж | И | Д |
| Ч | Ь | Ч | Я | С | Т | Р | Е | Б | А | Т | К | Ю | Н |
| Я | Ч | Ы | Д | Т | К | А | Ж | С | Н | Д | Х | Ь | Ы |
| В | Щ | Б | Ц | О | А | Е | Щ | Н | Я | Г | Н | Ч | П |

| | |
|---|---|
| СТРАУС | ВОРОБЕЙ |
| ОРЕЛ | ЯСТРЕБ |
| АИСТ | ЯЙЦО |
| ЛЕБЕДЬ | ПОПУГАЙ |
| КУКУШКА | ГОЛУБЬ |
| ВОРОНА | УТКА |
| ФЛАМИНГО | ПЕЛИКАН |
| ГУСЬ | ПИНГВИН |
| ЦАПЛЯ | КУРИЦА |
| ЧАЙКА | ТУКАН |

# 56 - Playa

| О | А | С | М | Б | Б | А | Ы | Я | У | Ц | П | О | П |
|---|---|---|---|---|---|---|---|---|---|---|---|---|---|
| Ъ | Ю | П | О | Б | Е | Р | Е | Ж | Ь | Е | Е | К | Л |
| О | Ф | Ф | Р | Л | Я | Е | Р | Ф | Ж | И | С | Е | А |
| О | Т | Щ | Е | Н | Н | Ф | И | И | Ъ | Ю | О | А | В |
| И | Е | З | Ы | Ф | Ц | Ц | Ф | П | Х | П | К | Н | А |
| Н | П | Л | О | Д | К | А | Е | Ф | Ч | К | И | К | Т |
| Ъ | Ъ | С | С | Н | С | А | Н | Д | А | Л | И | И | Ь |
| Б | Щ | А | Т | Ю | Т | К | Р | А | Б | Ч | Н | Ф | Б |
| С | Г | Я | Р | К | О | И | Л | А | Г | У | Н | А | С |
| Х | И | Ь | О | Р | Т | В | К | Б | Ш | Щ | Т | М | Ф |
| Е | И | Н | В | Ф | П | О | Л | О | Т | Е | Н | Ц | Е |
| В | Д | Ю | И | Я | У | Ж | Х | Ъ | Н | Р | Ж | Д | И |
| А | Л | М | Ъ | Й | С | Ю | Щ | Ш | Я | Щ | Ы | В | М |
| Б | Ж | Ы | Д | Ф | К | Щ | Х | Ч | Е | Е | Н | Н | Щ |

ПЕСОК
РИФ
СИНИЙ
ЛОДКА
КРАБ
ПОБЕРЕЖЬЕ
ОСТРОВ
ЛАГУНА

МОРЕ
ПЛАВАТЬ
ОКЕАН
ЗОНТИК
САНДАЛИИ
СОЛНЦЕ
ПОЛОТЕНЦЕ
ОТПУСК

# 57 - Surf

```
В Ш Х Х Ч Е М П И О Н Ы Р Ю
Е К Т У Р Ъ Ъ Л Ъ В О Л Н А
С П О У О К Е А Н О Ы Щ С П
Е Ъ Л С И Л А В Е С Л О П О
Л Р П Я Д Т Н А К Ъ Ы К О Г
Ь Ш Ы Ч Ж Р С Т И Л Ь Ж Р О
Е С Н Н Ф Ф И Ь О Ч Ы Е Т Д
Ц Ы К Я Ж Р В Ф Щ Я Р Л С А
П О П У Л Я Р Н Ы Й Ь У М Я
Н А Ч И Н А Ю Щ И Й Х Д Е Ж
К Ш М Д Ш Г М Ж Ь С Ж О Н Е
С К О Р О С Т Ь Д А К К Л Л
Э К С Т Р Е М А Л Ь Н Ы Й У
Ф В Д М Б И Ь П Е Н А Ы Р П
```

| | |
|---|---|
| РИФ | ТОЛПЫ |
| СПОРТСМЕН | ПЛАВАТЬ |
| ЧЕМПИОН | ОКЕАН |
| ПОГОДА | ВОЛНА |
| ВЕСЕЛЬЕ | ПЛЯЖ |
| ПЕНА | ПОПУЛЯРНЫЙ |
| СТИЛЬ | НАЧИНАЮЩИЙ |
| ЖЕЛУДОК | ВЕСЛО |
| ЭКСТРЕМАЛЬНЫЙ | СКОРОСТЬ |
| СИЛА | |

# 58 - Geografía

```
М Ш З К О Н Т И Н Е Н Т Ы С
О И Ш А Б Л Ь Т С У Г Щ Е Т
Р Р Р Р П О Л У С Ф Е Р А Р
Е О М Т Х А Ъ Ю Е С Ь И Д А
С Т П А О Щ Д А Р Е К А О Н
Ъ А Т Л А С Х Ц Е В Г И Л А
Ь О В Г А Ъ Т Ю Г Е Ц Ы Г Т
К Г Ы В Ь Ю Х Р И Р У Г О Ц
Л Ж Х Ь Б Ы Е Г О Р А О Т О
М Е Р И Д И А Н Н В М Р А Д
Т Е Р Р И Т О Р И Я Т О Ш Ч
Ы Ш В Я А Ж А Ц М Ь П Д Х Ш
Ш Ф Б Ь Д Ш Н В Ы С О Т А Ь
П В В Ъ Ы Я П Н Ы Ц Г И Г Ч
```

| | |
|---|---|
| ВЫСОТА | МЕРИДИАН |
| АТЛАС | ГОРА |
| ГОРОД | МИР |
| КОНТИНЕНТ | СЕВЕР |
| ПОЛУСФЕРА | ЗАПАД |
| ОСТРОВ | СТРАНА |
| ШИРОТА | РЕГИОН |
| ДОЛГОТА | РЕКА |
| КАРТА | ЮГ |
| МОРЕ | ТЕРРИТОРИЯ |

# 59 - Deportes

| И | Г | Р | А | Г | Ч | Е | М | П | И | О | Н | А | Т |
|---|---|---|---|---|---|---|---|---|---|---|---|---|---|
| Т | И | О | С | И | Д | Х | О | К | К | Е | Й | М | Т |
| Л | М | Т | П | М | В | П | Е | Т | Ц | П | М | Ю | Е |
| Ъ | Н | Е | О | Н | И | Л | П | Д | Р | Н | В | П | Н |
| Ь | А | Б | Р | А | Ж | А | Б | П | Д | Е | Ж | О | Н |
| Г | С | Н | Т | З | Е | В | Е | Ю | Г | Е | Н | Б | И |
| О | Т | Б | С | И | Н | А | Й | У | А | Г | Н | Е | С |
| Л | И | К | М | Я | И | Т | С | У | Д | Ь | Я | Д | Р |
| Ь | К | О | Е | Ш | Е | Ь | Б | Я | У | С | Ь | И | Б |
| Ф | А | М | Н | О | Б | К | О | И | Л | Н | Р | Т | О |
| С | Т | А | Д | И | О | Н | Л | К | Ю | Т | Ш | Е | Д |
| Ш | Г | Н | И | Г | Р | О | К | Ц | Е | Д | Г | Л | Ю |
| К | Ч | Д | В | Е | Л | О | С | И | П | Е | Д | Ь | Я |
| Г | Б | А | С | К | Е | Т | Б | О | Л | С | Е | Ю | Л |

СПОРТСМЕН  
СУДЬЯ  
БАСКЕТБОЛ  
БЕЙСБОЛ  
ВЕЛОСИПЕД  
ЧЕМПИОНАТ  
ТРЕНЕР  
КОМАНДА  
СТАДИОН  
ПОБЕДИТЕЛЬ  

ГИМНАСТИКА  
ГИМНАЗИЯ  
ГОЛЬФ  
ХОККЕЙ  
ИГРА  
ИГРОК  
ДВИЖЕНИЕ  
ПЛАВАТЬ  
ТЕННИС

# 60 - Actividades

```
С А Д О В О Д С Т В О Ч Д Р
П Е Ш И Й Т У Р И З М Ъ Е Ы
Ы Ь А Ц И Н А В Ы К Б А Я Б
В Р О В Н Ц Ы Ъ М Т О Ж Т Н
Л Г Ф О Т О Г Р А Ф И Я Е А
Н Ф Б Г Е З Ъ В Г В Ю С Л Я
И Щ Х М Р Р А А И У Д К Ь Л
Ш И Т Ь Е Е Г Я Ь Ь Е Н О
О Ю Г Ш С М Д Я А Т Ж Р О В
Ы Х О Р Ы Е М С Ц Д Ш А С Л
В О О Н Ы С В Д К О К М Т Я
Л Ь Ф Т Ч Л У Ь Н С Ы И Ь Г
К Е Ч Ъ А А В Е Ы У Н К У Н
Х А Ч Т Е Н И Е Б Г М А И К
```

| | |
|---|---|
| ДЕЯТЕЛЬНОСТЬ | САДОВОДСТВО |
| РЕМЕСЛА | ИГРЫ |
| ОХОТА | ЧТЕНИЕ |
| КЕРАМИКА | МАГИЯ |
| ШИТЬЕ | ДОСУГ |
| ФОТОГРАФИЯ | РЫБНАЯ ЛОВЛЯ |
| НАВЫК | ЗАГАДКИ |
| ИНТЕРЕСЫ | ПЕШИЙ ТУРИЗМ |

# 61 - Verduras

| Ш | Б | Р | О | К | К | О | Л | И | И | Д | Г | И | П |
|---|---|---|---|---|---|---|---|---|---|---|---|---|---|
| П | А | Н | А | Н | М | Я | И | М | Б | И | Р | Ь | Е |
| И | К | Ы | В | Н | Х | Ц | Т | С | Ш | Щ | И | Н | Т |
| Н | Л | О | Г | У | Р | Е | Ц | А | С | О | Б | Л | Р |
| А | А | У | Р | Е | Д | И | С | Л | Ч | Г | Е | Ъ | У |
| Т | Ж | Г | К | П | Р | И | Х | А | И | Ц | Б | В | Ш |
| Б | А | О | Л | И | В | К | А | Т | Ч | Я | В | Д | К |
| Ж | Н | Р | П | К | Ш | Ц | Я | Т | О | О | Ч | Б | А |
| Ф | Р | О | Б | О | Г | Ж | Ж | С | Ы | Б | Г | Щ | Щ |
| Г | Ж | Х | Щ | Х | М | Ц | Б | Д | Е | К | Ц | Л | Ш |
| Ч | Е | С | Н | О | К | И | Д | Е | Ю | И | В | Ъ | Ц |
| Ы | Х | Н | С | Е | Л | Ь | Д | Е | Р | Е | Й | А | Ж |
| А | Р | Т | И | Ш | О | К | М | О | Р | К | О | В | Ь |
| К | А | Р | Т | О | Ф | Е | Л | Ь | Р | Е | П | А | Т |

ЧЕСНОК
АРТИШОК
СЕЛЬДЕРЕЙ
БАКЛАЖАН
БРОККОЛИ
ТЫКВА
ЛУК
САЛАТ
ШПИНАТ
ГОРОХ

ИМБИРЬ
РЕПА
ОЛИВКА
КАРТОФЕЛЬ
ОГУРЕЦ
ПЕТРУШКА
РЕДИС
ГРИБ
ПОМИДОР
МОРКОВЬ

# 62 - Instrumentos Musicales

```
Г И Т А Р А П И А Н И Н О Т
Б М Ф М А Н Д О Л И Н А У Р
А А А Я Л Т Ц Т И А Б С Ж У
Р Р Г Ы Ю Ф Г Х Т В А К И Б
А И О К Я Л Ъ П Е Н А Р Ф А
Б М Т Г П Е Р К У С С И Я Е
А Б А А Ч Й С П Л У Д П И Ы
Н А Б Р Т Т Ч А К А М К Л Ф
Л Ч Ж М Р А Л Д К Е Р А А В
М Ь Е О О Г О Н Г С Г Н Ф Т
Н Д Ь Н М В К Д Ю Е О Е Е О
Д Х Ы И Б Б У Б Е Н Б Ф М Т
Д О Ы К О Г У Р В С О И О С
Ф М Б А Н Д Ж О Ъ Ш Й П Т Н
```

| | |
|---|---|
| ГАРМОНИКА | ГОБОЙ |
| АРФА | БУБЕН |
| БАНДЖО | ПЕРКУССИЯ |
| КЛАРНЕТ | ПИАНИНО |
| ФАГОТ | САКСОФОН |
| ФЛЕЙТА | БАРАБАН |
| ГОНГ | ТРОМБОН |
| ГИТАРА | ТРУБА |
| МАНДОЛИНА | СКРИПКА |
| МАРИМБА | |

# 63 - Escalada

```
У А Ы К Х Ж С М Ч Ц Ф Ы Л А
Щ Я Ф Ю П Ч И Л Р Я Н Ф Ю Т
А Ш Ш Щ У П Л Х И Ж Ч Л Б М
В Ы С О Т А А У З К И Й О О
С Т А Б И Л Ь Н О С Т Ь П С
П Ч Ю У П Э Ы М С Ф Р Н Ы Ф
Б Ж Ы Ч Ъ Ш К Б Л П А Г Т Е
Ь О Ъ Е Щ Т Е С О Е В Ю С Р
Д Ю Т Н Ы Ф Е Щ П Щ М Т Т А
Т Е Ш И К А Р Т А Е А Ж В В
Щ Д Д Е Н О Ж О Ш Р Р О О Д
Е Ю Ш Д С К Ы Щ Л А Ы Т Г Ч
У Я Л Ф И З И Ч Е С К И Й Ъ
П Е Р Ч А Т К И М Ю А Д Р Н
```

| | |
|---|---|
| ВЫСОТА | ЭКСПЕРТ |
| АТМОСФЕРА | ФИЗИЧЕСКИЙ |
| БОТИНКИ | ОБУЧЕНИЕ |
| ШЛЕМ | СИЛА |
| ПЕЩЕРА | ПЕРЧАТКИ |
| ЛЮБОПЫТСТВО | ТРАВМА |
| СТАБИЛЬНОСТЬ | КАРТА |
| УЗКИЙ | |

# 64 - Mascotas

| | | | | | | | | | | | | | |
|---|---|---|---|---|---|---|---|---|---|---|---|---|---|
| С | Ь | Н | Ъ | А | В | Т | Р | К | Ч | Ч | Ж | А | К |
| В | К | Т | Ч | С | Ж | Ы | Ъ | С | Е | У | Р | Т | О |
| Ц | У | Ж | Ш | Ь | К | Н | Л | Ш | Р | Ы | Б | А | Р |
| В | Ш | П | О | В | О | Д | О | К | Е | Р | Н | Т | О |
| А | Н | Г | М | М | Ш | Ь | Ч | Ы | П | Л | Ш | Ш | В |
| Щ | Е | Н | О | К | К | С | Ц | Д | А | Е | Ь | Е | А |
| К | О | Г | Т | И | А | О | О | Д | Х | О | М | Я | К |
| Р | Я | Щ | Е | Р | И | Ц | А | Б | А | Р | Ы | П | В |
| О | Е | В | Е | Т | Е | Р | И | Н | А | Р | Ш | О | О |
| Л | Ь | Д | В | О | Р | О | Т | Н | И | К | Ь | П | Д |
| И | А | Т | А | П | У | Х | В | О | С | Т | А | У | А |
| К | Ч | П | П | М | Я | У | Т | Ф | Щ | Х | Ю | Г | У |
| Х | Ц | Т | Ы | Б | Щ | Ц | В | А | И | Д | Я | А | Т |
| Ь | Л | К | О | З | А | Щ | Б | П | В | Д | Ы | Й | Ъ |

ВОДА
КОЗА
ЩЕНОК
ХВОСТ
ВОРОТНИК
ЕДА
КРОЛИК
ПОВОДОК
КОГТИ
КОШКА

ХОМЯК
ЯЩЕРИЦА
ПОПУГАЙ
ЛАПЫ
СОБАКА
РЫБА
МЫШЬ
ЧЕРЕПАХА
КОРОВА
ВЕТЕРИНАР

# 65 - Formas

```
П Г Е Ь Л П О Л И Г О Н Э С
И Г И П Е Р Б О Л А Н А Л Г
Р П О А Г Я М П Ч Р Ш Ь Л Ь
А Р В Е Б М Ы Х К У Б Ч И Б
М И А Ы С О Л А Р Ю Т Ф П Е
И З Л П Д У Г А А Щ Ы М С Щ
Д М Ь И З Г И Б Я Ж Щ Ш К П
А А Н С Т О Р О Н А У Г О Л
У О Ы Д Х Л И Н И Я Ц А Ж О
Н Н Й Ф Ф Ь К К Т С М В М Щ
Ц Ц И Л И Н Д Р О И Ф Ц Ч А
Л У Ц К В И И Щ У Н Г Е О Д
Л У М О М К К Ф Р Г У Ф Р Ь
Т Р Е У Г О Л Ь Н И К С Ф А
```

| | |
|---|---|
| ДУГА | УГОЛ |
| КРАЯ | ГИПЕРБОЛА |
| ЦИЛИНДР | СТОРОНА |
| КРУГ | ЛИНИЯ |
| КОНУС | ОВАЛЬНЫЙ |
| ПЛОЩАДЬ | ПИРАМИДА |
| КУБ | ПОЛИГОН |
| ИЗГИБ | ПРИЗМА |
| ЭЛЛИПС | ПРЯМОУГОЛЬНИК |
| СФЕРА | ТРЕУГОЛЬНИК |

# 66 - Flores

```
Г Д П И О Н О К Л Л Б К Ъ Л
А Х Л В Т Щ Д М Я Е П А В А
Р Х Ю Ъ Ю Я У К Ъ П А Л К В
Д Г М Ц Л М В К Л Е В Е Р А
Е Я Е К Ь А А Ю Р С Ф Н С Н
Н М Р Л П Я Н К Р Т Щ Д И Д
И А И Ф А К Ч О Т О Х У Р А
Я Г Я Ж Н Б И Ч Р К З Л Е Г
Ъ Н П А Ж С К Б С Х Ю А Н Ж
П О Д С О Л Н У Х Х И О Ь Г
К Л Ш М Д Ж Ч К Т Р Ы Д Щ Д
Л И Л И Я Б Ш Е И Щ А Ф Е И
О Я Я Н Ц Ъ К Т Н Ч Ъ Т А Я
Л О Л А Г И Б И С К У С Ш В
```

| | |
|---|---|
| МАК | МАГНОЛИЯ |
| КАЛЕНДУЛА | ОРХИДЕЯ |
| ОДУВАНЧИК | ПИОН |
| ГАРДЕНИЯ | ЛЕПЕСТОК |
| ПОДСОЛНУХ | ПЛЮМЕРИЯ |
| ГИБИСКУС | БУКЕТ |
| ЖАСМИН | РОЗА |
| ЛАВАНДА | КЛЕВЕР |
| СИРЕНЬ | ТЮЛЬПАН |
| ЛИЛИЯ | |

# 67 - Astronomía

```
Л У Н А К О С М О С Ш З Ж О
И О О Е Л У Г П Л Х М Е Б Я
Г Б Ф Ш М В Д Х Л Д М М К Л
А С Т Р О Н А В Т А У Л Г В
Р Е А С Т Р О Н О М Н Я А П
А Р Е И З Л У Ч Е Н И Е Е Я
К В Т С А С Т Е Р О И Д Т Ч
Е А Д Ю Т Т Е Л Е С К О П А
Т Т Ж Ю М Г А Л А К Т И К А
А О С В Е Р Х Н О В А Я Б Н
Ю Р А В Н О Д Е Н С Т В И Е
Ч И В Р И Н Ъ Б Л Е А Ъ Ш Ъ
Ь Я Ш М Е Т Е О Р Г Ю О А Ц
С П У Т Н И К Г Н Е Т Ш О Р
```

| | |
|---|---|
| АСТЕРОИД | ЛУНА |
| АСТРОНАВТ | МЕТЕОР |
| АСТРОНОМ | ОБСЕРВАТОРИЯ |
| НЕБО | ПЛАНЕТА |
| РАКЕТА | ИЗЛУЧЕНИЕ |
| КОСМОС | СПУТНИК |
| ЗАТМЕНИЕ | СВЕРХНОВАЯ |
| РАВНОДЕНСТВИЕ | ТЕЛЕСКОП |
| ГАЛАКТИКА | ЗЕМЛЯ |

# 68 - Tiempo

```
Х Л М Р П Г К М И Н У Т А Ж
Х В Е К И О А Д Х Ц Ъ М Е Х
В Б С О Ф Д Л Ы О Х Б Я Ж Х
М Ш Я О Н Н Е Д Е Л Я М Е Ш
Н О Ц Щ О С Н Б Е Б Д С Г К
М О М С Ч Х Д Ш М Н Г Е О С
Ш С У Е Ь Ч А С Н Н Ь Г Д Б
Е К Ц Й Н Б Р Д Е Н Ь О Н У
Ю Н П Ч С Т Ь Ч А С Ы Д Ы Д
Ъ Б Ц А У Т Р О Щ А Х Н Й У
Ж Ы Ж С В Ч Е Р А Л Т Я Ю Щ
Д Е С Я Т И Л Е Т И Е Щ Е Е
П И Ф Ц А Л А Ю Х Е Г Д К Е
П Б К М И О Ш М Ш Ш Ж Н Ц В
```

| | |
|---|---|
| СЕЙЧАС | СЕГОДНЯ |
| ДО | УТРО |
| ЕЖЕГОДНЫЙ | ПОЛДЕНЬ |
| ГОД | МЕСЯЦ |
| ВЧЕРА | МИНУТА |
| КАЛЕНДАРЬ | МОМЕНТ |
| ДЕСЯТИЛЕТИЕ | НОЧЬ |
| ДЕНЬ | ЧАСЫ |
| БУДУЩЕЕ | НЕДЕЛЯ |
| ЧАС | ВЕК |

# 69 - Paisajes

| | | | | | | | | | | | | | |
|---|---|---|---|---|---|---|---|---|---|---|---|---|---|
| Д | П | О | Б | П | М | О | Б | Ш | Ъ | Ю | Н | П | Ъ |
| О | У | А | М | Е | О | Ю | З | Е | Х | Р | Т | Ф | Т |
| Л | С | З | Щ | Щ | Р | Л | Л | Е | Д | Н | И | К | И |
| И | Т | И | Ь | Е | Е | Д | У | Р | Р | П | Л | Я | Ж |
| Н | Ы | С | Д | Р | Ж | Ш | Б | О | Л | О | Т | О | Г |
| А | Н | У | Ф | А | А | Ы | Ь | В | С | Ш | Ь | Ъ | А |
| Я | Я | О | С | Т | Р | О | В | М | Л | Т | Е | М | Л |
| Р | Е | К | А | Г | Е | Й | З | Е | Р | П | Р | Ь | В |
| Л | А | Г | У | Н | А | Г | Г | Л | А | Д | П | О | К |
| З | Ф | Ц | Ж | К | Б | Ы | О | Ж | Ъ | А | Ь | П | В |
| Ч | А | М | Т | У | Н | Д | Р | А | Ь | Н | К | Ы | Р |
| Б | Х | Л | Х | Х | П | Ж | А | Й | С | Б | Е | Р | Г |
| Ф | Л | Ж | И | В | О | Д | О | П | А | Д | Л | Н | С |
| Н | Ф | Я | С | В | У | Л | К | А | Н | К | Т | Ю | Ф |

| | |
|---|---|
| ВОДОПАД | МОРЕ |
| ПЕЩЕРА | ГОРА |
| ПУСТЫНЯ | ОАЗИС |
| ГЕЙЗЕР | БОЛОТО |
| ЛЕДНИК | ПОЛУОСТРОВ |
| ЗАЛИВ | ПЛЯЖ |
| АЙСБЕРГ | РЕКА |
| ОСТРОВ | ТУНДРА |
| ОЗЕРО | ДОЛИНА |
| ЛАГУНА | ВУЛКАН |

# 70 - Días y Meses

```
Т  Р  С  У  Б  Б  О  Т  А  М  Е  С  Я  Ц
Х  П  Е  П  О  Н  Е  Д  Е  Л  Ь  Н  И  К
Д  Т  Н  О  Я  Б  Р  Ь  Ч  Ч  Г  В  П  Ш
Ъ  К  Т  И  Д  Е  С  Л  Ш  Л  А  О  Л  Г
Д  К  Я  В  Т  О  Р  Н  И  К  Р  С  Д  Ц
Я  А  Б  Я  Ш  Я  Е  И  Ю  Н  Ь  К  П  О
Ч  Л  Р  Ж  Н  Е  Д  Я  Л  Л  В  Р  Я  К
С  Е  Ь  М  Н  В  А  Я  Ь  Ч  Ч  Е  Т  Т
Ъ  Н  Т  И  А  И  А  О  Х  Ц  Ш  С  Н  Я
В  Д  Ш  В  К  Б  Ъ  Р  М  Ш  Х  Е  И  Б
Ч  А  Я  Ъ  Е  Н  К  С  Ь  Д  Я  Н  Ц  Р
Ж  Р  С  А  П  Р  Е  Л  Ь  Ц  С  Ь  А  Ь
Е  Ь  Е  Ж  А  В  Г  У  С  Т  Щ  Е  С  Ж
Ь  Ф  Е  В  Р  А  Л  Ь  Н  Е  Д  Е  Л  Я
```

| | |
|---|---|
| АПРЕЛЬ | ПОНЕДЕЛЬНИК |
| АВГУСТ | ВТОРНИК |
| ГОД | МЕСЯЦ |
| КАЛЕНДАРЬ | СРЕДА |
| ВОСКРЕСЕНЬЕ | НОЯБРЬ |
| ЯНВАРЬ | ОКТЯБРЬ |
| ФЕВРАЛЬ | СУББОТА |
| ЧЕТВЕРГ | НЕДЕЛЯ |
| ИЮЛЬ | СЕНТЯБРЬ |
| ИЮНЬ | ПЯТНИЦА |

# 71 - Chocolate

| | | | | | | | | | | | | | |
|---|---|---|---|---|---|---|---|---|---|---|---|---|---|
| А | Ь | Р | В | К | У | С | К | Ю | П | Ь | Р | А | К |
| Г | Ъ | Е | О | А | Б | Л | Е | А | Ю | У | У | Н | О |
| Д | Л | Ц | Б | Р | Ю | А | С | Р | К | Я | Ж | Т | К |
| О | О | Е | Я | А | У | Д | Д | А | Я | А | П | И | О |
| К | Ж | П | Ш | М | Т | К | А | Х | Ч | П | О | О | С |
| А | А | Т | Н | Е | С | И | Л | И | Г | Е | Р | К | Л |
| О | Р | Ч | И | Л | Ц | Й | Ъ | С | О | А | О | С | Ю |
| Т | Ъ | О | Е | Ь | С | А | Х | А | Р | К | Ш | И | Б |
| Д | Ю | Ы | М | С | Д | И | Ъ | Д | Ь | А | О | Д | И |
| Ъ | Я | Ъ | М | А | Т | Н | Ю | Ф | К | Л | К | А | М |
| В | Л | И | В | С | Т | В | Л | Л | И | О | Ь | Н | Ы |
| В | К | У | С | Н | Ы | Й | О | Р | Й | Р | А | Т | Й |
| И | Н | Г | Р | Е | Д | И | Е | Н | Т | И | И | Ч | Я |
| Э | К | З | О | Т | И | Ч | Е | С | К | И | Й | П | Г |

ГОРЬКИЙ  
АНТИОКСИДАНТ  
АРОМАТ  
САХАР  
АРАХИС  
КАКАО  
КАЧЕСТВО  
КАЛОРИИ  
КАРАМЕЛЬ  

КОКОС  
ВКУСНЫЙ  
СЛАДКИЙ  
ЭКЗОТИЧЕСКИЙ  
ЛЮБИМЫЙ  
ВКУС  
ИНГРЕДИЕНТ  
ПОРОШОК  
РЕЦЕПТ

# 72 - Barbacoas

```
П В Б Ж Ж Я Д Б П Ь Ы Н Х А
Щ Е В Р Щ И Р С О У С О Л Ь
Н Г Р Т П Г У Е М Х Х Ж Т О
Т Ф К Е Б Р З М И О Н И Г В
Л Е Т О Ц Ы Ь Ь Д Б Н Л О О
И Г Щ Р Ч С Я Я О Б Е Д Р Щ
С К У Р И Ц А Г Р И Л Ь Я И
Л А И С А Д А О Ы Ш Т Д Ч Т
С У Л Ф Р Е Д Л Т Д Е Х И Ы
Я Е К А Р Т Ж О Г Ф Л Ф Й П
Р М Ы Я Т И Г Д У Р Ъ Е Ю Е
Ф Ч С Е Д Ы Т У М У З Ы К А
Е Ж Ш Н А Ь Т Б Ф К Ч Г К А
Щ Т В Т Ь У П Д Ж Т Т Ц Щ Н
```

| | |
|---|---|
| ДРУЗЬЯ | МУЗЫКА |
| ГОРЯЧИЙ | ДЕТИ |
| ЛУК | ГРИЛЬ |
| ОБЕД | ПЕРЕЦ |
| НОЖИ | КУРИЦА |
| САЛАТЫ | СОЛЬ |
| СЕМЬЯ | СОУС |
| ФРУКТ | ПОМИДОРЫ |
| ГОЛОД | ЛЕТО |
| ИГРЫ | ОВОЩИ |

# 73 - Ropa

```
Н  П  Т  П  А  Л  Ь  Т  О  В  Л  Ю  Ш  Ю
У  О  Р  Н  И  Р  Ь  М  О  Л  Н  Г  А  Б
Н  Я  С  Ч  О  Ж  Е  Р  Е  Л  Ь  Е  Р  О
О  С  В  К  Щ  Г  А  Е  Р  В  Ч  П  Ф  Ц
Б  К  И  Г  И  Я  Ю  М  Г  У  Р  Е  Б  А
У  Г  Т  Т  Н  Ъ  Е  Л  А  Ш  Ь  Р  Л  Б
В  Г  Е  С  Ш  П  Л  А  Т  Ь  Е  Ч  У  Р
Ь  М  Р  А  Л  Р  У  Б  А  Ш  К  А  З  А
Б  М  О  Н  Я  Ф  А  Р  Т  У  К  Т  А  С
Р  Б  Т  Д  П  П  Ы  К  У  Р  Т  К  А  Л
Ю  Б  К  А  А  Щ  Н  С  Л  О  К  И  Х  Е
К  Я  Л  Л  Г  Д  М  И  Я  Л  Ы  Ш  Ы  Т
И  У  Б  И  Х  К  П  О  Ж  Т  Н  О  Ы  Л
Е  Х  Ь  И  У  А  Ф  Б  К  Г  Ь  У  М  Ъ
```

ПАЛЬТО          ПЕРЧАТКИ
БЛУЗА           МОДА
ШАРФ            БРЮКИ
НОСКИ           ПИЖАМА
РУБАШКА         БРАСЛЕТ
КУРТКА          САНДАЛИИ
ПОЯС            ШЛЯПА
ОЖЕРЕЛЬЕ        СВИТЕР
ФАРТУК          ПЛАТЬЕ
ЮБКА            ОБУВЬ

# 74 - Meditación

```
Б  Л  А  Г  О  Д  А  Р  Н  О  С  Т  Ь  Я
Ш  Д  П  П  Р  И  Р  О  Д  А  Т  С  С  С
У  О  Е  Ш  Р  П  О  З  А  Ф  Х  П  О  Н
М  М  Р  Ь  Ч  И  Е  Т  Ъ  Э  А  О  С  О
Т  У  С  Ж  Ф  В  Н  Д  Н  М  Д  К  Т  С
И  З  П  Т  О  Ь  К  Я  О  О  В  О  Р  Т
Ш  Ы  Е  Ч  В  О  Ч  Р  Т  Ц  И  Й  А  Ь
И  К  К  Н  Д  Е  Б  Ф  М  И  Ж  Н  Д  Ь
Н  А  Т  И  Х  О  Н  И  Х  И  Е  Ы  А  П
А  Г  И  Х  Р  Г  Б  Н  Я  В  Н  Й  Н  Ч
Л  И  В  Д  И  Б  Б  Р  Ы  М  И  М  И  В
О  М  А  В  Ц  Г  Т  Ф  О  Й  Е  И  Е  М
Ь  В  Н  И  М  А  Н  И  Е  Т  Ы  Р  Т  К
М  Ы  С  Л  И  Р  Ф  Д  Ы  Х  А  Н  И  Е
```

| | |
|---|---|
| ПРИНЯТИЕ | ДВИЖЕНИЕ |
| ВНИМАНИЕ | МУЗЫКА |
| ДОБРОТА | ПРИРОДА |
| СПОКОЙНЫЙ | МИР |
| ЯСНОСТЬ | МЫСЛИ |
| СОСТРАДАНИЕ | ПЕРСПЕКТИВА |
| ЭМОЦИИ | ПОЗА |
| БЛАГОДАРНОСТЬ | ДЫХАНИЕ |
| УМСТВЕННЫЙ | ТИШИНА |
| УМ | |

# 75 - Comedia

```
А А Н А Р Ю В У И Ф Ш Щ Ч К
У П Ъ К С Е Ы Щ М Ш М Н А Л
Д Л Ы Т Л И Р У П Н Ю Ю Б О
И О Л Е Ю Ж А Н Р Т Ы А А У
Т Д В Р Е Р З Л О Ю Ю Й К Н
О И Е Р Я С И М В Т Я Ы Т Ы
Р С С Ш У Т К И Д Т Я Р Ф
И М Е М У С Е Е З К Ю Л И Д
Я Е Л Е Е О Л Ш А П Ж Ч С Д
Ш Н Ь Ш Ц Х Ь М Ц Т Ъ У А Ь
Ю Т Е Н Ч К Н Ф И П Р Т И Б
М Ы Я О Ф П Ы Р Я Ц П Б Ф Я
О Ч Ч Й Ц Н Й П А Р О Д И Я
Р Т Е Л Е В И Д Е Н И Е К Е
```

АКТЕР
АКТРИСА
АПЛОДИСМЕНТЫ
АУДИТОРИЯ
ШУТКИ
ВЕСЕЛЬЕ
ВЫРАЗИТЕЛЬНЫЙ
ЖАНР
СМЕШНОЙ

ЮМОР
ИМПРОВИЗАЦИЯ
УМНЫЙ
ПАРОДИЯ
КЛОУНЫ
СМЕХ
ТЕАТР
ТЕЛЕВИДЕНИЕ

# 76 - Libros

```
Р И С Т О Р И Я Х Ъ Е Р Ю Щ
К О Л Л Е К Ц И Я У Д А Д Н
Ь Ц М Ы Ю Ж А Э Г Ф Ф С Ы И
Я Ч В А К П К П П Ь В С Н С
Ж Щ С Р Н Ю Е И Р Р Ч К А Т
Ъ Р Е Л Х Ч С Ч И Н И А П О
С Т Р К О Н Т Е К С Т З И Р
Ь Т И М Ж В Р С Л Ф А Ч С И
У Ю И Д Ф К А К Ю Н Т И А Ч
Н Л Ъ Х Е Ц Н И Ч Ф Е К Н Е
Я В Б Ц У Я И Й Е Ь Л Я О С
А В Т О Р В Ц О Н Р Ь Я Щ К
П О Э З И Я А С И Ш Ц Б У И
И У Я Ж Ц А У М Е С Т Н Ы Й
```

| | |
|---|---|
| АВТОР | РАССКАЗЧИК |
| ПРИКЛЮЧЕНИЕ | РОМАН |
| КОЛЛЕКЦИЯ | СЛОВА |
| КОНТЕКСТ | СТРАНИЦА |
| ЭПИЧЕСКИЙ | УМЕСТНЫЙ |
| НАПИСАНО | СТИХ |
| ИСТОРИЯ | ПОЭЗИЯ |
| ИСТОРИЧЕСКИЙ | СЕРИИ |
| ЧИТАТЕЛЬ | |

# 77 - Nutrición

```
Ч  Х  Ф  Л  Ы  П  К  В  Ь  Ш  У  Н  Б  П
К  А  Ч  Е  С  Т  В  О  Е  О  Г  У  Е  И
Г  З  Д  О  Р  О  В  Ы  Й  С  Л  Т  Л  Щ
Ю  Ч  Н  Ф  Х  М  У  Д  И  М  Е  Р  К  Е
П  С  Ц  Ъ  Ч  С  Е  Л  Н  Х  В  И  И  В
Р  С  Ъ  Е  Д  О  Б  Н  Ы  Й  О  Е  С  А
И  З  С  Л  Г  У  Ч  Х  Т  К  Д  Н  В  Р
В  Г  Д  Ш  Д  С  В  Л  О  А  Ы  Т  П  Е
Ы  О  Г  О  В  Ф  О  О  К  Л  Ц  Д  К  Н
Ч  Р  В  Ь  Р  В  Б  П  С  О  Ш  И  П  И
К  Ь  Ю  К  Ф  О  Д  Ь  И  Р  Ь  Е  Я  Е
И  К  В  К  У  С  В  Я  Н  И  О  Т  Е  Ц
В  И  Т  А  М  И  Н  Ь  Ю  И  Ю  А  Ъ  М
Б  Й  Е  Ю  Р  А  П  П  Е  Т  И  Т  Ж  Ы
```

| | |
|---|---|
| ГОРЬКИЙ | ПРИВЫЧКИ |
| АППЕТИТ | НУТРИЕНТ |
| КАЧЕСТВО | ВЕС |
| КАЛОРИИ | БЕЛКИ |
| УГЛЕВОДЫ | ВКУС |
| ХЛОПЬЯ | СОУС |
| СЪЕДОБНЫЙ | ЗДОРОВЬЕ |
| ДИЕТА | ЗДОРОВЫЙ |
| ПИЩЕВАРЕНИЕ | ТОКСИН |
| ФЕРМЕНТАЦИЯ | ВИТАМИН |

# 78 - Edificios

```
Л Ш Ц Ф Ъ Г О М У З Е Й С Ц
А М К С Щ О Б Щ Е Ж И Т И Е
Б С О О Ч Ч С У С Ъ Р Щ Б О
О У Ъ К Л З Е Ф Т Е Щ К О Т
Р П Х Ы Д А Р Е А М К Ч Л Е
А Е К Ф В М В Р Д У В И Ь Л
Т Р Щ Ж Л О А М И Ы А Д Н Ь
О М Л К Ы К Т А О Е Р Ф И О
Р А Б Ы Б Ф О А Н Ц Т П Ц Б
И Р Е А П Н Р Г Б У И Ч А Ъ
Я К Ж Н Ш Щ И Т П О Р А Б Ь
Т Е А Т Р Н Я К Я Г А Р А Ж
У Т Т Щ П Б Я А М Б А Р М С
Ь М Ш З А В О Д Щ Т И Щ Н О
```

| | |
|---|---|
| ОБЩЕЖИТИЕ | ФЕРМА |
| КВАРТИРА | БОЛЬНИЦА |
| ЗАМОК | ОТЕЛЬ |
| КИНО | ЛАБОРАТОРИЯ |
| ШКОЛА | МУЗЕЙ |
| СТАДИОН | ОБСЕРВАТОРИЯ |
| ЗАВОД | СУПЕРМАРКЕТ |
| ГАРАЖ | ТЕАТР |
| АМБАР | БАШНЯ |

# 79 - Océano

```
Ч Т Д У Ж Щ Ю Г Л Ю Я Д К И
Я Ч У Т С О Л Ь П И Л Е Р Б
Г Ю Н Н Л Т Ц Ж М Ы М Л Е Ы
У Щ Ю О Е И Р И Ф Щ Р Ь В П
В Е Л У Щ Ц Щ И Ы К Ь Ф Е К
О С Ь М И Н О Г Ц Р Р И Т С
Д Ф В Х М Х Ь П Ц А Ы Н К А
О Ч Е Р Е П А Х А Б Б Ш А Г
Р Ы К Г Д Ь Г М Р Ч А П Ъ Ь
О Л А К У Л А Б Б У Г О Р Ь
С Щ Ц Ъ З Б П Ъ У Ю А Ъ Ы Ъ
Л О Д К А Н К П Р И Л И В Ы
И К О Р А Л Л А Я Р Р Щ Ы Ф
Ц Р К У К И Т У Г Ю Я Ф Ш П
```

| | |
|---|---|
| ВОДОРОСЛИ | ГУБКА |
| УГОРЬ | ПРИЛИВЫ |
| РИФ | МЕДУЗА |
| ТУНЕЦ | УСТРИЦА |
| КИТ | РЫБА |
| ЛОДКА | ОСЬМИНОГ |
| КРЕВЕТКА | СОЛЬ |
| КРАБ | АКУЛА |
| КОРАЛЛ | БУРЯ |
| ДЕЛЬФИН | ЧЕРЕПАХА |

# 80 - Ciudad

```
С У П Е Р М А Р К Е Т Ш Ъ О
М Я В Ф Л О Р И С Т А Ш П Т
С А Р Е С Т О Р А Н Ф П Т Е
В П Г У Ы Л Я Ч У М Ж С Ш Л
Ж Т Ш А Т Ж Ш Ж М У З Е Й Ь
Л Е М Л З Ш К О Л А Ю Ы Р Е
Ч К Ю Е Б И Ъ П Е К А Р Н Я
Б А Н К Л И Н И К А М Ы С Г
З О О П А Р К Л Р Е А Н Т А
У Н И В Е Р С И Т Е Т О А Л
А Э Р О П О Р Т С Р Е К Д Е
Ю Б И Б Л И О Т Е К А Г И Р
Ч Р Г П Р О Ъ Ь П Ц Т В О Е
Ъ Ц Т Г О К И Н О Н Р Е Н Я
```

| | |
|---|---|
| АЭРОПОРТ | ОТЕЛЬ |
| БАНК | РЫНОК |
| БИБЛИОТЕКА | МУЗЕЙ |
| КИНО | ПЕКАРНЯ |
| КЛИНИКА | РЕСТОРАН |
| ШКОЛА | СУПЕРМАРКЕТ |
| СТАДИОН | ТЕАТР |
| АПТЕКА | МАГАЗИН |
| ФЛОРИСТ | УНИВЕРСИТЕТ |
| ГАЛЕРЕЯ | ЗООПАРК |

# 81 - Campeonato

| Х | К | Ч | Ы | М | С | К | П | О | Б | Е | Д | А | Ч |
|---|---|---|---|---|---|---|---|---|---|---|---|---|---|
| С | Р | М | Е | О | Х | Ы | О | Б | Ш | Ф | Д | Д | Ы |
| Ж | Я | П | О | М | И | Х | Ч | М | Е | Д | А | Л | Ь |
| Л | И | Г | А | Т | П | В | Г | Г | А | Ш | П | Ф | С |
| Ь | Г | Ч | С | У | И | И | К | Х | Ъ | Н | Ц | И | Т |
| Т | Р | В | У | Р | Я | В | О | Ф | Ш | И | Д | Н | Р |
| Р | Ы | Ы | Д | Н | Ф | Ш | А | Н | Ф | Б | Я | А | А |
| Е | М | Г | Ь | И | Ъ | Ъ | Ю | Ц | М | Е | Ц | Л | Т |
| Н | Ж | Е | Я | Р | Ъ | Г | Ю | Ч | И | Ж | Ь | И | Е |
| Е | Д | Ы | Ш | А | Т | Ь | Ч | М | М | Я | И | С | Г |
| Р | Ч | Е | М | П | И | О | Н | А | Т | Ф | В | Т | И |
| В | Ы | Н | О | С | Л | И | В | О | С | Т | Ь | Л | Я |
| П | Р | Е | Д | С | Т | А | В | Л | Е | Н | И | Е | Ь |
| С | П | О | Р | Т | И | В | Н | Ы | Й | Щ | Ь | Ч | М |

ЧЕМПИОНАТ
ЧЕМПИОН
СПОРТИВНЫЙ
ТРЕНЕР
КОМАНДА
СТРАТЕГИЯ
ФИНАЛИСТ
ИГРЫ
СУДЬЯ

ЛИГА
МЕДАЛЬ
МОТИВАЦИЯ
ПРЕДСТАВЛЕНИЕ
ВЫНОСЛИВОСТЬ
ДЫШАТЬ
ТУРНИР
ПОБЕДА

# 82 - Actividades y Ocio

```
К Е М П И Н Г Л Я И Р Т С Н
П П Л А В А Н И Е С Ы Ю А Ы
С Е И О Ы Я Ы Ф Ы К Б Д Д Р
Б Ж Ш Ж Н И П У О У Н В О Я
Е А А И Ь М Л Т С С А Я В Н
Й Ж С Ж Й С Я Б Ы С Я С О И
С Г К К Ь Т Ы О Ф Т Л Е Д Е
Б О К С Е Ю У Л Ъ В О Р С Ф
О Л И Х К Т Х Р Л О В Ф Т В
Л Ь Г Е Л Е Б О И Л Л И В А
Ы Ф Ц Т Б Н Ь О Б З Я Н О И
В И Ж Щ Ж Н Ф А Л Б М Г Ы Ъ
А Г С П П И Щ Ю Н Ц И Ъ А К
К А Ч Я Л С Г О Н О Ч Н Ы Й
```

| | |
|---|---|
| ХОББИ | ФУТБОЛ |
| ИСКУССТВО | ГОЛЬФ |
| БАСКЕТБОЛ | САДОВОДСТВО |
| БЕЙСБОЛ | ПЛАВАНИЕ |
| БОКС | РЫБНАЯ ЛОВЛЯ |
| НЫРЯНИЕ | ПЕШИЙ ТУРИЗМ |
| КЕМПИНГ | СЕРФИНГ |
| ГОНОЧНЫЙ | ТЕННИС |

# 83 - Comida #1

```
М Е Ч М Х С М Б М Л Д К Р Г
Я Я П Н И Г О А О И А О В Р
С И Т Л Ч Х Л З Р М Е Р Д У
О Г У А К В О И К О Ч И Ю Ш
С А Л А Т И К Л О Н Р Ц Б А
О И Г Е Д У О И В Д Я А М Ж
К Р С А Х А Р К Ь Т Ы И Н Я
Ж Ч Ц О Р Е П А Ш К Ф Х М Я
Л Л П Ч Л К Л У Б Н И К А У
Я Ч М Е Н Ь Ш П И Н А Т Н Г
Л Ч Ф С Т У Н Е Ц Г Ю Щ Х М
Г У Х Н Б К Х Я О Ю И Е А Н
Ф Д К О К Ш Ь Ж Б Я Ъ Ф Ц Б
М Т М К В О Т А С К И С У П
```

| | |
|---|---|
| ЧЕСНОК | КЛУБНИКА |
| БАЗИЛИК | СОК |
| ТУНЕЦ | МОЛОКО |
| САХАР | ЛИМОН |
| КОРИЦА | МЯТА |
| МЯСО | РЕПА |
| ЯЧМЕНЬ | ГРУША |
| ЛУК | СОЛЬ |
| САЛАТ | СУП |
| ШПИНАТ | МОРКОВЬ |

# 84 - Literatura

| Д | Б | М | Е | Т | А | Ф | О | Р | А | Р | С | П | Р |
|---|---|---|---|---|---|---|---|---|---|---|---|---|---|
| М | И | И | Ц | Р | И | А | Ш | Ж | К | И | Р | О | А |
| Н | В | А | О | Б | Л | Щ | В | А | С | Т | А | Э | С |
| Е | Ч | Д | Л | Г | П | С | Т | Т | Г | М | В | Т | С |
| Н | П | А | О | О | Р | Ы | Ы | И | О | Т | Н | И | К |
| И | А | Н | П | Р | Г | А | Г | Ы | Е | Р | Е | К | А |
| Е | Н | Е | С | Ф | Р | Т | Ф | А | С | А | Н | А | З |
| З | А | К | Л | Ю | Ч | Е | Н | И | Е | Г | И | Я | Ч |
| Я | Л | Д | Ч | Р | О | М | А | Н | Я | Е | Е | Ы | И |
| Ъ | О | О | П | И | С | А | Н | И | Е | Д | И | Ч | К |
| Б | Г | Т | Г | Ф | Т | У | А | С | Т | И | Л | Ь | Б |
| Ы | И | Ж | Б | М | И | Ж | Л | Р | Щ | Я | Ю | У | О |
| Х | Я | Х | Щ | А | Х | Я | И | Е | Л | К | У | Б | К |
| С | П | Ъ | Д | Х | Ю | Р | З | В | Л | Д | А | Б | Т |

| | |
|---|---|
| АНАЛОГИЯ | МЕТАФОРА |
| АНАЛИЗ | РАССКАЗЧИК |
| АНЕКДОТ | РОМАН |
| АВТОР | МНЕНИЕ |
| БИОГРАФИЯ | СТИХ |
| СРАВНЕНИЕ | ПОЭТИКА |
| ЗАКЛЮЧЕНИЕ | РИФМА |
| ОПИСАНИЕ | РИТМ |
| ДИАЛОГ | ТЕМА |
| СТИЛЬ | ТРАГЕДИЯ |

# 85 - Baño

```
Я М Ф Ч Ч В Ш Н О Ж Н И Ц Ы
Ц И Ш Г К Р А Н О О О К С П
Н К О Л Х А М Н Г Л С Г С У
Г У Б К А Т П Ш Н Ъ М Б Д З
Ч К П М Ч Д У Х И А Б Н О Ы
П О Л О Т Е Н Ц Е Р Ы Ю П Р
Д В Я П М Г Ь Т У А Л Е Т И
Ы Р Я П Ы Щ Ь Д П А Р Ж Я Ю
Щ И Е М Л Л О С Ь О Н Ц Х Ф
Г К М Ж О О М Ч Щ П Ц Т Ъ Ы
З Е Р К А Л О Ь Ц Е В О Д А
Л Н Е Ж А Б Ц П И Ъ Я С У Г
Щ Ы Ф Ш У У Г Е Ь Ф Е Ы Ш Б
В Ф Ж Ь П Ы А Ч Ж Ж К У О Н
```

| | |
|---|---|
| ВОДА | ГУБКА |
| КОВРИК | КРАН |
| ТУАЛЕТ | МЫЛО |
| ВАННА | ЛОСЬОН |
| ПУЗЫРИ | ДУХИ |
| ШАМПУНЬ | НОЖНИЦЫ |
| ДУШ | ПОЛОТЕНЦЕ |
| ЗЕРКАЛО | ПАР |

# 86 - Clima

```
С  Ь  Т  Е  М  П  Е  Р  А  Т  У  Р  А  К
Л  У  Ы  Г  И  Щ  О  Б  Л  А  К  О  О  А
Ь  Ь  Х  Р  Н  М  Щ  Л  Г  Б  Ю  Л  А  К
В  Ш  Я  О  Ю  Н  С  Ь  Я  У  У  Е  Ф  Г
М  Ш  Н  М  Й  Ы  Ш  Ф  В  Р  Е  Д  Ф  Ы
Я  У  В  Щ  Ъ  Ж  М  С  Я  Я  Н  Е  Б  О
Т  Р  О  П  И  Ч  Е  С  К  И  Й  Ы  Б  Ы
О  У  Ч  М  Ю  У  Н  О  Д  Щ  Д  Ъ  Й  Ф
Р  М  М  З  Б  Р  И  З  Ц  А  Ч  Ж  К  Щ
Н  У  О  А  Т  М  О  С  Ф  Е  Р  А  Л  В
А  С  Л  С  Н  А  В  О  Д  Н  Е  Н  И  Е
Д  С  Н  У  Ц  У  Р  А  Г  А  Н  А  М  Т
О  О  И  Х  А  С  П  Е  Ю  О  Щ  Д  А  Е
Т  Н  Я  А  Ю  П  Ю  Ч  В  Ь  Ч  Г  Т  Р
```

| | |
|---|---|
| АТМОСФЕРА | ПОЛЯРНЫЙ |
| БРИЗ | МОЛНИЯ |
| НЕБО | СУХОЙ |
| КЛИМАТ | ЗАСУХА |
| ЛЕД | ТЕМПЕРАТУРА |
| УРАГАН | БУРЯ |
| НАВОДНЕНИЕ | ТОРНАДО |
| МУССОН | ТРОПИЧЕСКИЙ |
| ТУМАН | ГРОМ |
| ОБЛАКО | ВЕТЕР |

# 87 - Comida #2

| | | | | | | | | | | | | | | |
|---|---|---|---|---|---|---|---|---|---|---|---|---|---|---|
| В | О | Х | Л | Ъ | Ю | П | Ш | Е | Н | И | Ц | А | Ы |
| И | П | Р | В | О | А | Ь | Б | О | Е | Ю | Ю | О | У |
| Н | Д | Ж | Ю | Х | Л | А | А | Л | К | И | В | И | Р |
| О | Й | О | Г | У | Р | Т | К | Ы | Ш | О | Л | И | Ю |
| Г | У | П | О | Д | С | О | Л | Н | У | Х | Л | Ж | Ф |
| Р | И | С | Х | Л | Е | Б | А | Ж | Л | Ц | В | А | Л |
| А | М | У | Ч | К | Х | Ф | Ж | Б | А | Н | А | Н | Д |
| Д | Б | Ж | У | Я | У | А | А | Т | Т | Х | П | Р | П |
| Г | И | Н | К | Ч | Я | Р | Н | С | Д | И | С | Ч | О |
| Н | Р | Я | У | А | Ш | В | И | Ш | Н | Я | К | Н | М |
| У | Ь | Я | Б | Л | О | К | О | Ц | Я | Й | Ц | О | И |
| С | Е | Л | Ь | Д | Е | Р | Е | Й | А | С | М | Ц | Д |
| А | Р | Т | И | Ш | О | К | Ц | С | Ю | Т | Ы | Ю | О |
| М | И | Н | Д | А | Л | Ь | М | Х | Е | Д | А | Р | Р |

| | |
|---|---|
| АРТИШОК | КИВИ |
| МИНДАЛЬ | ЯБЛОКО |
| СЕЛЬДЕРЕЙ | ХЛЕБ |
| РИС | БАНАН |
| БАКЛАЖАН | КУРИЦА |
| ВИШНЯ | СЫР |
| ШОКОЛАД | ПОМИДОР |
| ПОДСОЛНУХ | ПШЕНИЦА |
| ЯЙЦО | ВИНОГРАД |
| ИМБИРЬ | ЙОГУРТ |

# 88 - Castillos

```
К Д В О Р Е Ц С Х Ш К Ф Б Л
Л О И М П Е Р И Я Ю Р Е Л О
Д Д Р Ь Ы Х М М И Б Е О А Ш
С Л Ф О Ц У Ю Ы С Ч П Д Г А
Е Г Д И Н А С Т И Я О А О Д
Л И Ы Ж Б А Ш Н Я Т С Л Р Ь
К А Т А П У Л Ь Т А Т Ь О Р
С А Е Щ Ъ Б Г М У Ф Ь Н Д Ы
Т Д П Р И Н Ц Е С С А Ы Н Ц
Е П Р О Ж Т Р Ч Б Ъ Н Й Ы А
Н Р Т А Ф Т Ф Л Р Ы И Д Й Р
А И Н Ч К Л П Щ О Д Ю В В Ь
Х Н Ц П П О А О Н С М Х Ь Р
К Ц Ы У Ь Ю Н П Я Л Д Ю Ы Ъ
```

| | |
|---|---|
| БРОНЯ | ФЕОДАЛЬНЫЙ |
| РЫЦАРЬ | КРЕПОСТЬ |
| ЛОШАДЬ | ИМПЕРИЯ |
| КАТАПУЛЬТА | БЛАГОРОДНЫЙ |
| КОРОНА | ДВОРЕЦ |
| ДИНАСТИЯ | СТЕНА |
| ДРАКОН | ПРИНЦЕССА |
| ЩИТ | ПРИНЦ |
| МЕЧ | БАШНЯ |

# 89 - Arte

```
Ы Б У С Ф Ц С Ч О Ъ П С Щ С
П О Э З И Я К Е Р Ъ С О А У
Ф Н О В Г Ц У С И Я И С И Д
О А Ш И У Я Л Т Г Ш М Т Ъ С
У С Ю З Р Д Ь Н И Ф В А Ц Х
Б Т С О А Д П Ы Н В О В Х К
Ш Р Ж Б П Ж Т Й А Ы Л К Р Е
Ц О П Р Ч Ц У Е Л Р С Я Е Н
Т Е М А С Ю Р Р Е А Л И З М
С Н К Ж Ф Д А Р Щ Ж О Х Д Ф
Я И П А Я Ш Н Ч Г Е Ж Ж А М
Ч Е О Т Е Ь Щ Л Е Н Н Т Ы П
Л Ф Щ Ь Х М Г К И И Ы Д О П
П Р О С Т О Й Ю Ж Е Й Ц У Ю
```

| | |
|---|---|
| СЛОЖНЫЙ | ОРИГИНАЛ |
| СОСТАВ | ПОЭЗИЯ |
| СКУЛЬПТУРА | ИЗОБРАЖАТЬ |
| ВЫРАЖЕНИЕ | ПРОСТОЙ |
| ФИГУРА | СИМВОЛ |
| ЧЕСТНЫЙ | СЮРРЕАЛИЗМ |
| НАСТРОЕНИЕ | ТЕМА |

# 90 - Herboristería

```
Б П М А Й О Р А Н Ф Ф Ю Б И
А Е Ц В Е Т О К У К Р О П Н
З Т Ф Ш Р О З М А Р И Н З Г
И Р Е Х А А И М Ц Д Л Щ Е Р
Л У Н Ч Е Ф С Я Т Ч С И Л Е
И Ш Х Ч П М Р Т Е Е Т Ь Е Д
К К Е Ю Е Я У А Е С Д Г Н И
Л А Л О У К Ы У Н Н С Ы Ы Е
А Ж Ь Р Е И Ч Я Ж О И А Й Н
В Ъ О А М Ч М М К К С Е Д Т
А Р О М А Т И Ч Е С К И Й В
Н К У Л И Н А Р Н Ы Й Т Д К
Д Э С Т Р А Г О Н Ш В Ж Е У
А Ю Х Ж К А Ч Е С Т В О Ч С
```

| | |
|---|---|
| ЧЕСНОК | ИНГРЕДИЕНТ |
| БАЗИЛИК | САД |
| АРОМАТИЧЕСКИЙ | ЛАВАНДА |
| ШАФРАН | МАЙОРАН |
| КАЧЕСТВО | МЯТА |
| КУЛИНАРНЫЙ | ПЕТРУШКА |
| УКРОП | РАСТЕНИЕ |
| ЭСТРАГОН | РОЗМАРИН |
| ЦВЕТОК | ВКУС |
| ФЕНХЕЛЬ | ЗЕЛЕНЫЙ |

# 91 - Verano

```
Л  Л  У  Ь  Ф  Ф  Б  Ж  К  Ф  Ч  В  Л  Р
Ь  Е  Ъ  Ж  Н  Ч  Я  В  С  Д  М  О  Р  Е
К  Б  Я  Д  Ъ  П  Л  Я  Ж  Е  А  С  А  Л
М  К  Т  Ч  Щ  В  М  Ъ  У  И  Ш  П  Д  А
Т  У  О  П  Д  О  С  У  Г  Г  А  О  О  К
Щ  Д  У  Х  Р  Т  А  Ш  З  Р  А  М  С  С
Ш  С  В  Т  У  П  Н  Ь  Ъ  Ы  Т  И  Т  А
Ф  Т  Я  Ж  З  У  Д  Ф  Ы  С  К  Н  Ь  Ц
Ъ  А  У  О  Ь  С  А  О  З  М  Д  А  Я  И
С  Е  М  Ь  Я  К  Л  А  В  Х  К  Н  К  Я
И  А  Е  Ю  Р  М  И  К  Е  М  П  И  Н  Г
Ы  М  Д  О  С  Ц  И  Ж  З  Е  В  Я  И  Ъ
П  Л  А  В  А  Т  Ь  Ш  Д  Д  О  М  Г  Щ
Ц  Т  Б  Б  С  Ю  В  Н  Ы  Р  Я  Н  И  Е
```

| | |
|---|---|
| РАДОСТЬ | КНИГИ |
| ДРУЗЬЯ | МОРЕ |
| НЫРЯНИЕ | МУЗЫКА |
| КЕМПИНГ | ПЛАВАТЬ |
| ЕДА | ДОСУГ |
| ЗВЕЗДЫ | ПЛЯЖ |
| СЕМЬЯ | ВОСПОМИНАНИЯ |
| ДОМ | РЕЛАКСАЦИЯ |
| САД | САНДАЛИИ |
| ИГРЫ | ОТПУСК |

# 92 - Insectos

```
К Ш И Ж Т Ц И К А Д А А М Л
Я О Ъ Н Е С Ч Я Б А А В У И
Ш Ч Х Ф Р Ю Т С Ю К Ы Р Р Ч
С Е Ф Я М К Д С Ш Н У Т А И
Т Р Р Х И Ъ Д Ц Е И Ю Б В Н
Р В Н Ш Т С Я С Н Д Ф Г Е К
Е Ь Щ К Е Т А Р А К А Н Й А
К А Ы О Л Н М Р Ф И П Ж С Б
О Б Ъ М Ю Ъ Ь Ж А Щ Ы В М Р
З Л У А Р В К У З Н Е Ч И К
А О Н Р Ж А Н К В П Ч Е Л А
В Х С О Б А Б О Ч К А А Т С
С А Ф А Б О Г О М О Л О Л Ч
Б О Ж Ь Я К О Р О В К А Я Е
```

| | |
|---|---|
| ПЧЕЛА | ЛИЧИНКА |
| ОСА | СТРЕКОЗА |
| ШЕРШЕНЬ | БОГОМОЛ |
| ТЛЯ | БАБОЧКА |
| ЦИКАДА | БОЖЬЯ КОРОВКА |
| ТАРАКАН | КОМАР |
| ЖУК | БЛОХА |
| ЧЕРВЬ | КУЗНЕЧИК |
| МУРАВЕЙ | ТЕРМИТ |
| САРАНЧА | |

# 93 - Especias

| П | Н | П | А | К | Щ | Н | Н | В | Т | Б | Щ | Ш | Ч |
|---|---|---|---|---|---|---|---|---|---|---|---|---|---|
| Ч | Е | С | Н | О | К | В | А | Н | И | Л | Ь | Ч | К |
| Г | Ф | Р | Г | Р | Х | Ю | Т | Р | С | И | Г | Н | Е |
| В | О | Д | Е | И | Ч | Р | Ф | Т | Л | Ф | О | Ю | К |
| О | С | Б | Г | Ц | Ю | Ц | М | К | А | Р | Р | И | А |
| З | Ч | Ш | Ш | А | Ф | Р | А | Н | Д | Ю | Ь | Я | Р |
| Д | Х | Ш | Ф | П | А | П | Р | И | К | А | К | Л | Д |
| И | А | С | Е | Л | Е | Г | Ч | А | И | П | И | Д | А |
| К | Н | Л | Н | Т | М | И | Н | Ы | Й | В | Й | Д | М |
| А | И | Ъ | Х | С | О | Л | О | Д | К | А | К | К | О |
| О | С | С | Е | Ю | И | М | Б | И | Р | Ь | М | У | Н |
| В | О | Ф | Л | У | К | Д | Ж | Д | И | Н | И | П | С |
| О | Л | Т | Ь | Ы | Ю | Ь | Н | И | Б | Р | Ю | Ъ | Ч |
| Ф | Ь | Е | Ъ | Б | Й | Г | Ч | Т | Е | И | Щ | Н | Т |

| | |
|---|---|
| КИСЛЫЙ | КАРРИ |
| ЧЕСНОК | СЛАДКИЙ |
| ГОРЬКИЙ | ФЕНХЕЛЬ |
| АНИС | ИМБИРЬ |
| ШАФРАН | ПАПРИКА |
| КОРИЦА | ПЕРЕЦ |
| КАРДАМОН | СОЛОДКА |
| ЛУК | ВКУС |
| ГВОЗДИКА | СОЛЬ |
| ТМИН | ВАНИЛЬ |

# 94 - Emociones

```
С  Б  С  С  Ж  Д  Р  А  Д  О  С  Т  Ь  С
И  Л  Т  О  Ы  О  А  Т  Ю  Т  Ч  Ы  С  П
М  А  Р  Д  Ж  Б  С  К  У  К  А  Х  Ю  О
П  Г  А  Е  Л  Р  С  О  Ч  С  А  С  Р  К
А  О  Х  Р  Б  О  Л  Б  Н  М  С  П  П  О
Т  Д  Д  Ж  Л  Т  А  Л  Т  У  Л  О  Р  Й
И  А  О  А  А  А  Б  Е  Б  Щ  Л  К  И  Н
Я  Р  В  Н  Ж  П  Л  Г  А  Е  Ю  О  З  Ы
И  Н  О  И  Е  Е  Е  Ч  У  Н  Б  Й  Ф  Й
Ц  Ы  Л  Е  Н  Ч  Н  Е  Ж  Н  О  С  Т  Ь
Г  Й  Е  Д  С  А  Н  Н  Ф  Ы  В  Т  Я  У
Г  Н  Н  Ф  Т  Л  Ы  И  Н  Й  Ь  В  Ъ  Ш
Щ  Д  Е  Ц  В  Ь  Й  Е  Р  С  М  И  Р  А
Ь  О  Ф  В  О  В  А  Ж  Б  П  Б  Е  Р  Ж
```

| | |
|---|---|
| СКУКА | ГНЕВ |
| БЛАГОДАРНЫЙ | СТРАХ |
| РАДОСТЬ | МИР |
| ОБЛЕГЧЕНИЕ | РАССЛАБЛЕННЫЙ |
| ЛЮБОВЬ | ДОВОЛЕН |
| СМУЩЕННЫЙ | СИМПАТИЯ |
| БЛАЖЕНСТВО | СЮРПРИЗ |
| ДОБРОТА | НЕЖНОСТЬ |
| СПОКОЙНЫЙ | СПОКОЙСТВИЕ |
| СОДЕРЖАНИЕ | ПЕЧАЛЬ |

# 95 - Mediciones

```
Ш К Ш У П Д М Е М Ы У Г Ф Ь
С И Я Д Х Е Г Р А М М П Л А
А Л Р Л В К Д П С У Н Ц И Я
Н О Т И Ф Д Н М С С И Ч Т Ъ
Т М Н Н Н Ь И Ю А Р Л Е Р У
И Е К А Б А С Т Е П Е Н Ь Н
М Т В И Д Е С Я Т И Ч Н Ы Й
Е Р Т Е Л Ь Ш М И Н У Т А В
Т Щ В Ы С О Т А О С Т О В Ж
Р И Х О Д Р Г Ш С Ф Ш Н Л Б
Г Л У Б И Н А Р Б Е Д Н Б У
Х Н В Ъ Х Ь Н Ч А М Ю А У Д
Т Ч Н Е И Ь Е Ъ Й М Й Е Ь У
Е Р Г М Ь Ч Н Н Т К М Е Т Р
```

| | |
|---|---|
| ВЫСОТА | ДЛИНА |
| ШИРИНА | МАССА |
| БАЙТ | МЕТР |
| САНТИМЕТР | МИНУТА |
| ДЕСЯТИЧНЫЙ | УНЦИЯ |
| СТЕПЕНЬ | ВЕС |
| ГРАММ | ГЛУБИНА |
| КИЛОГРАММ | ДЮЙМ |
| КИЛОМЕТР | ТОННА |
| ЛИТР | ОБЪЕМ |

# 96 - Barcos

```
Ч М П У Х Ю В М А Ч Т А П О
Ь О О О М Е О О В Л И Г А К
Ж Ю А Р Ж И Л Р Ъ Щ М О Р Е
В Л Ц Р Я Щ Н С Е Т А Щ О А
О З Е Р О К Ы К П Р П Г М Н
Х К А Н О Э Ъ О Ц Л Е В У Д
В Е Р Е В К А Й О Н О К К В
Ч Ю Щ П Р И Л И В Я Х Т А И
Э К И П А Ж Д Ф Ц С Ь Щ Я Г
Л Ф Я К О Р Ь Ь М Я М Г К А
Ь Н Л Н Щ Т Т Х П В Ь М И Т
Ч Л Л О Ц Р Я Ъ Б У Й Б К Е
Д Н У Т Щ В Х Д П И Р П И Л
Ы Д С У Х Ь Б Ь П Щ Х Е Д Ь
```

| | |
|---|---|
| ЯКОРЬ | МОРЯК |
| ПЛОТ | МАЧТА |
| БУЙ | ДВИГАТЕЛЬ |
| КАНОЭ | МОРСКОЙ |
| ВЕРЕВКА | ОКЕАН |
| ПАРОМ | ВОЛНЫ |
| КАЯК | РЕКА |
| ОЗЕРО | ЭКИПАЖ |
| МОРЕ | ЯХТА |
| ПРИЛИВ | |

# 97 - Antártida

| | | | | | | | | | | | | | |
|---|---|---|---|---|---|---|---|---|---|---|---|---|---|
| П | В | П | П | Н | О | С | Т | Р | О | В | А | Ж | К |
| Л | Е | Д | Н | И | К | И | Ч | Ц | Н | Е | О | С | П |
| С | О | Х | Р | А | Н | Е | Н | И | Е | Ь | Щ | Д | Ь |
| И | С | С | Л | Е | Д | О | В | А | Т | Е | Л | Ь | А |
| Ч | Ж | Ц | Ъ | М | М | И | Г | Р | А | Ц | И | Я | К |
| Г | Е | О | Г | Р | А | Ф | И | Я | З | Р | Щ | П | О |
| Н | У | П | М | Ч | Ы | Д | Х | Е | А | О | Ь | Т | Н |
| Н | А | Б | Е | Ы | Р | А | М | У | Л | Б | М | И | Т |
| Ю | У | У | Я | П | Х | Ж | С | Ф | И | Л | А | Ц | И |
| Х | Е | П | Ч | Х | П | Ч | У | В | В | А | Е | Ы | Н |
| Ъ | Ч | П | И | Н | Г | В | И | Н | Ы | К | Щ | Д | Е |
| У | Ф | Х | Ь | Ч | Ы | Я | Х | Л | М | А | В | М | Н |
| Г | Ж | Б | И | Х | Ф | Й | К | Ы | Р | Ц | У | Р | Т |
| М | И | Н | Е | Р | А | Л | Ы | Д | Ъ | Ж | Г | О | Л |

ВОДА
ЗАЛИВ
НАУЧНЫЙ
СОХРАНЕНИЕ
КОНТИНЕНТ
ГЕОГРАФИЯ
ЛЕДНИКИ
ЛЕД

ИССЛЕДОВАТЕЛЬ
ОСТРОВА
МИГРАЦИЯ
МИНЕРАЛЫ
ОБЛАКА
ПТИЦЫ
ПИНГВИНЫ

# 98 - Piratas

| П | Г | Ф | С | О | К | Р | О | В | И | Щ | Е | К | К |
|---|---|---|---|---|---|---|---|---|---|---|---|---|---|
| А | Ь | Э | К | И | П | А | Ж | Ч | Х | А | О | А | А |
| С | Ж | Щ | В | П | Х | А | Ч | И | М | Е | Ч | Р | П |
| Б | И | Л | Я | Т | Я | Ь | С | Щ | Б | А | М | Т | И |
| П | Р | И | К | Л | Ю | Ч | Е | Н | И | Е | Ж | А | Т |
| Ы | Х | Х | О | З | Ь | Ш | Ч | Ф | О | Ж | М | Ж | А |
| У | П | Ф | Р | Е | О | Л | С | Ф | Х | С | К | Н | Н |
| Л | П | П | Ь | Ъ | Ф | Л | А | Г | Н | Н | Т | Б | А |
| Е | Ш | Л | Т | К | С | Ю | О | Ф | Ш | Р | Щ | Ь | Ч |
| Г | А | О | Я | Р | Б | Ш | О | Т | Ж | Р | Ъ | А | Б |
| Е | Ю | Х | Д | Ж | С | Р | О | М | О | Я | Ю | Ч | Я |
| Н | П | О | П | У | Г | А | Й | О | С | Т | Р | О | В |
| Д | Ч | Й | Л | Е | Ф | М | П | Е | Щ | Е | Р | А | П |
| А | М | О | Н | Е | Т | Ы | Р | К | О | М | П | А | С |

| | |
|---|---|
| ЯКОРЬ | ПОПУГАЙ |
| ПРИКЛЮЧЕНИЕ | ПЛОХОЙ |
| ФЛАГ | КАРТА |
| КОМПАС | МОНЕТЫ |
| КАПИТАН | ЗОЛОТО |
| ШРАМ | ОПАСНОСТЬ |
| ПЕЩЕРА | ПЛЯЖ |
| МЕЧ | РОМ |
| ОСТРОВ | СОКРОВИЩЕ |
| ЛЕГЕНДА | ЭКИПАЖ |

# 99 - Mamíferos

```
О Г Ч Ц Ф Ф Ф В Х Ю М К О Г
В С В Ж Ж В Ь Д Г Х Е Е Ц О
Ц О Е Е Л Е Ъ П Н К Д Н У Р
А Б Р Л Л О Ш А Д Ь В Г Ъ И
Ч А Б К Ж Я Ь К Ъ В Е У Р Л
И К Л Б Я Ц Ю О Ц А Д Р Щ Л
Б А Ю С Ы Г Ю Ш Ж П Ь У Д А
К Ш Д Ю С К Ж К В И Д С Е Ы
И К Р О Л И К А У Г Р А Л К
Т В М А О Б Е З Ь Я Н А Ь О
Я О Ч Ж Н Г Я Е Л Ы Ф Ъ Ф Й
Б Л И С А Ц М Б Н Б Г Б И О
Т К К Я Х И М Р С Ъ Р Л Н Т
Е Ч М Щ Я Щ У А Е Ф Ш Ш Г Р
```

| | |
|---|---|
| КИТ | КОШКА |
| ОСЕЛ | ГОРИЛЛА |
| ЛОШАДЬ | ЖИРАФ |
| ВЕРБЛЮД | ВОЛК |
| КЕНГУРУ | ОБЕЗЬЯНА |
| ЗЕБРА | МЕДВЕДЬ |
| КРОЛИК | ОВЦА |
| КОЙОТ | СОБАКА |
| ДЕЛЬФИН | БЫК |
| СЛОН | ЛИСА |

# 100 - Abejas

```
Г Д Г М Б Ч Ф Р У К Т Н О Ц
К К И П О Х В О С К Т А Г В
Э Р П Ю С И П Й Ж Ъ Е С Т Е
К В Ы Г О Д Н Ы Й У Л Е Й Т
О Ц Ж Л С О Л Н Ц Е М К Ю Ы
С Ж Ж Ж Ь Ш Ж М Р Ъ Г О К Ф
И Л Р С Ж Я Ъ Ж А Ь Б М В Ш
С Я Х А Е Д А Х С А Ж О А Ш
Т Н С Д Д Ы М П Т Ю Ю Е Р О
Е М Е Д Щ Г Ц В Е Т Е Н И Е
М Р Ы Ш И П Л Д Н Е Я Л Ч Ы
А П Ы Л Ь Ц А Ж И Ь Ф Г Ч Т
К О Р О Л Е В А Я О Т Д К Д
Ь Я Л В Я О П Ы Л И Т Е Л Ь
```

| | |
|---|---|
| КРЫЛЬЯ | ДЫМ |
| ВЫГОДНЫЙ | НАСЕКОМОЕ |
| ВОСК | САД |
| УЛЕЙ | МЕД |
| ЕДА | РАСТЕНИЯ |
| ЭКОСИСТЕМА | ПЫЛЬЦА |
| РОЙ | ОПЫЛИТЕЛЬ |
| ЦВЕТЕНИЕ | КОРОЛЕВА |
| ЦВЕТЫ | СОЛНЦЕ |
| ФРУКТ | |

## 1 - Ajedrez

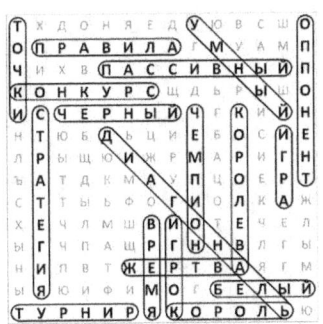

## 2 - Agua

## 3 - Granja #2

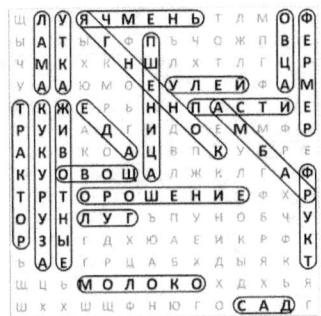

## 4 - Mueble

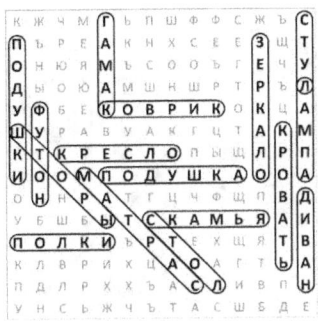

## 5 - Pesca

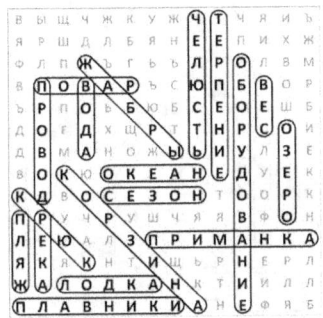

## 6 - Aviones

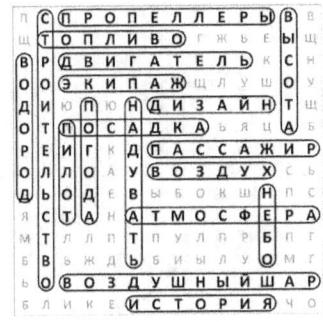

## 7 - Tipos de Cabello

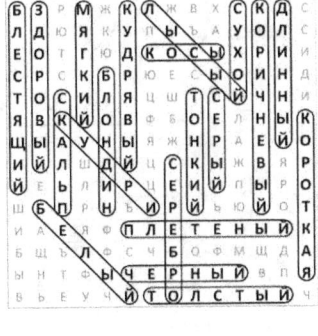

## 8 - Ciencia Ficción

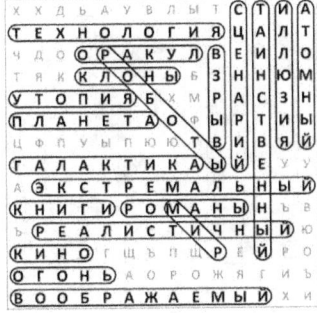

## 9 - Juguetes

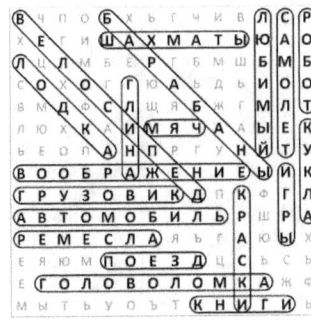

## 10 - Circo

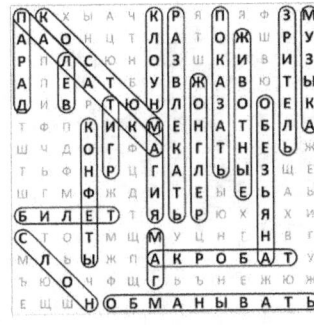

## 11 - Rellenar

## 12 - Granja #1

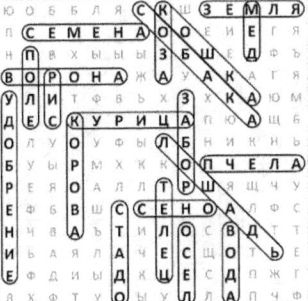

## 13 - Camping

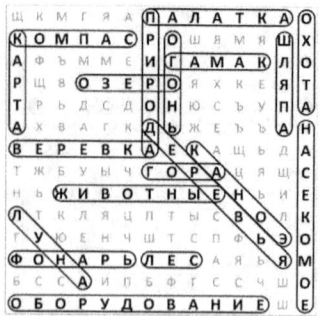

## 14 - Fruta

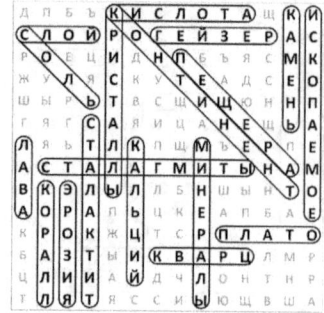

## 15 - Geología

## 16 - Plantas

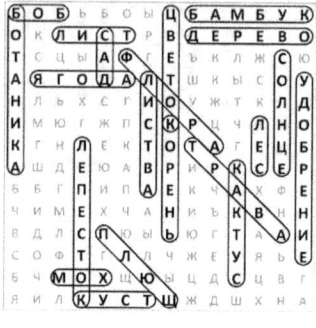

## 17 - Suministros de Arte

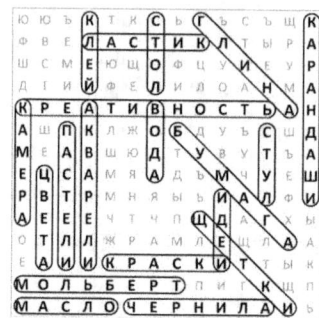

## 18 - Jardín

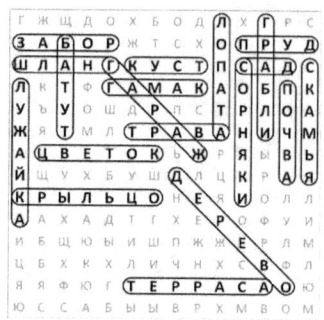

## 19 - Países #2

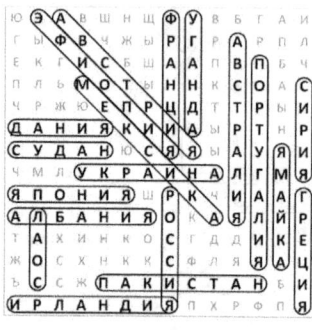

## 20 - Tecnología

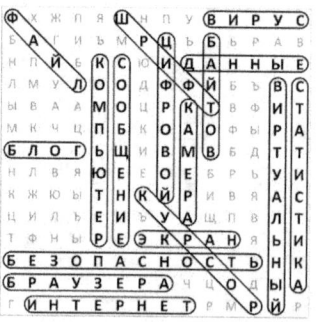

## 21 - Números

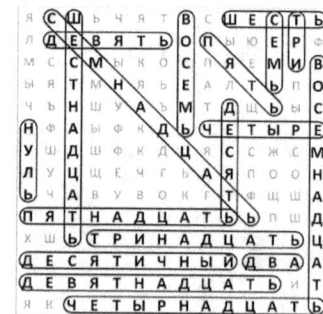

## 22 - Mitología

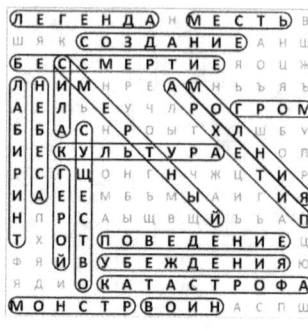

## 23 - Ecología

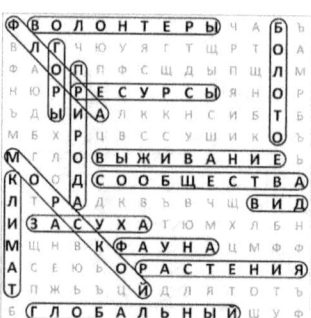

## 24 - Herramientas

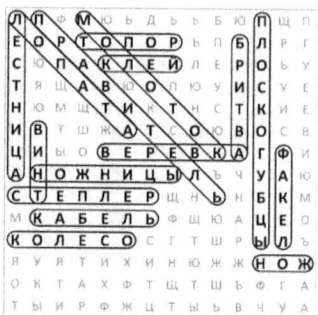

## 25 - Casa

## 26 - Artes Visuales

## 27 - Escuela #2

## 28 - Selva Tropical

## 29 - Colores

## 30 - Adjetivos #1

## 31 - Familia

## 32 - Disciplinas Científicas

## 33 - Gatos

## 34 - Cocina

## 35 - Escuela #1

## 36 - Adjetivos #2

## 37 - Cuerpo Humano

## 38 - Ciencia

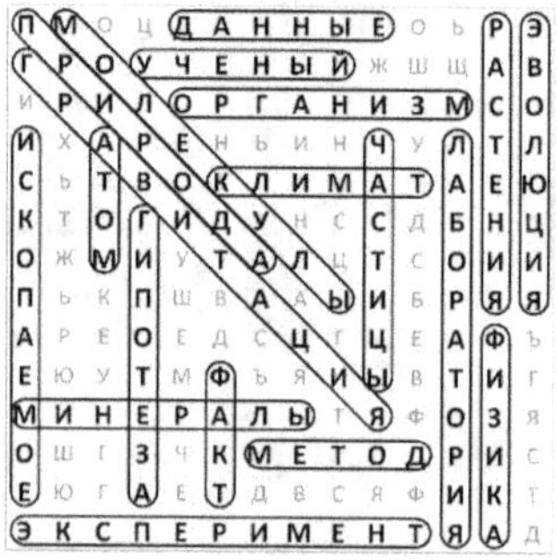

## 39 - Dinosaurios

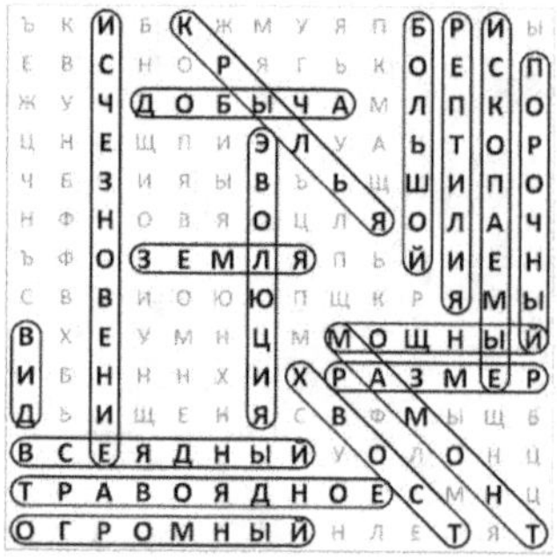

## 40 - Restaurante #2

## 41 - Profesiones #1

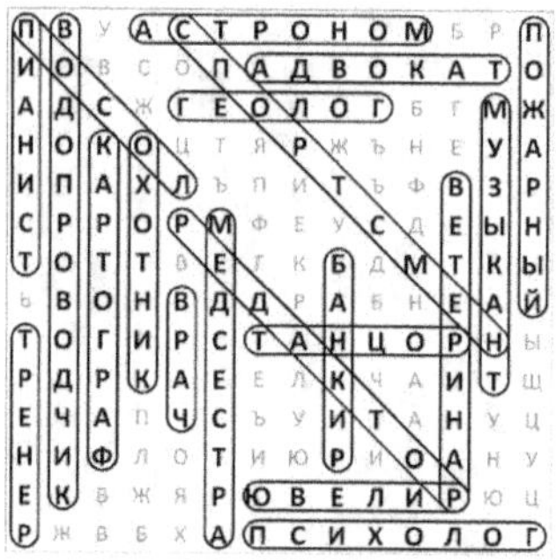

## 42 - Vehículos

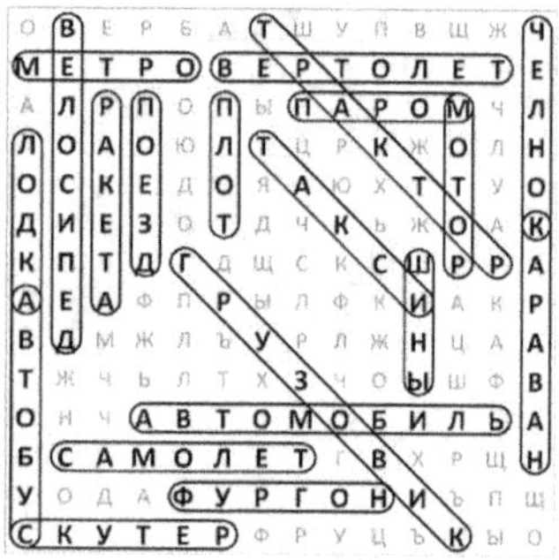

## 43 - Vacaciones #2

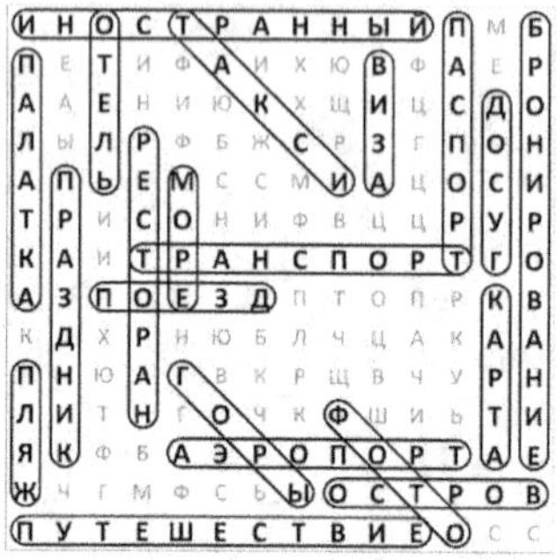

## 44 - Cumpleaños

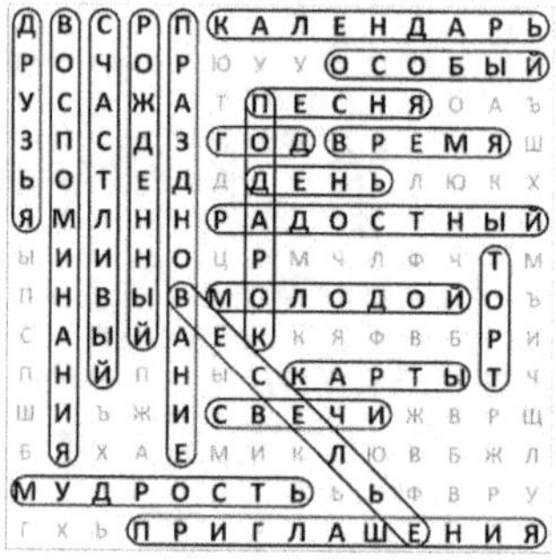

## 45 - Baile

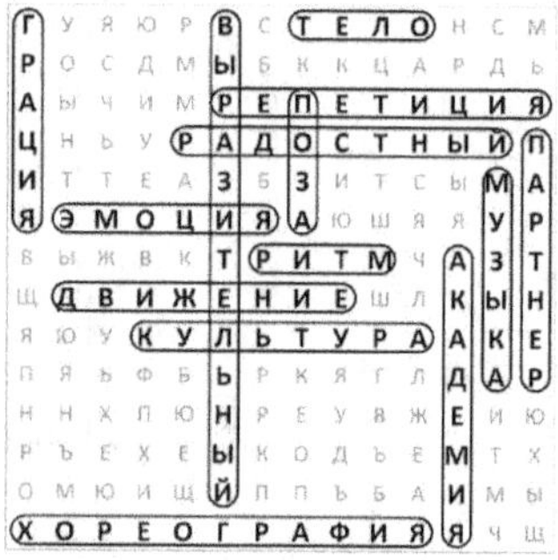

## 46 - Matemáticas

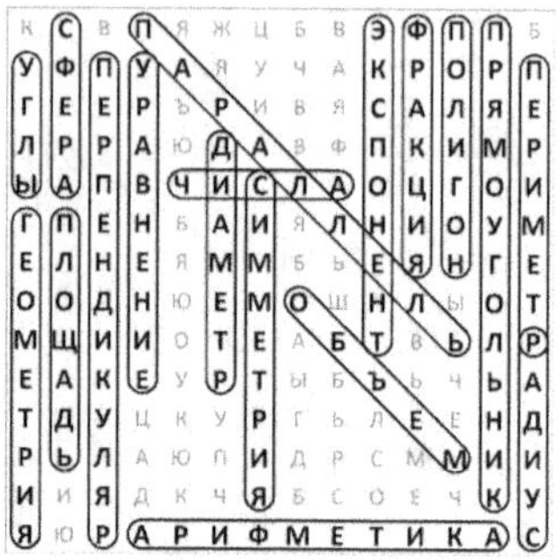

## 47 - Restaurante #1

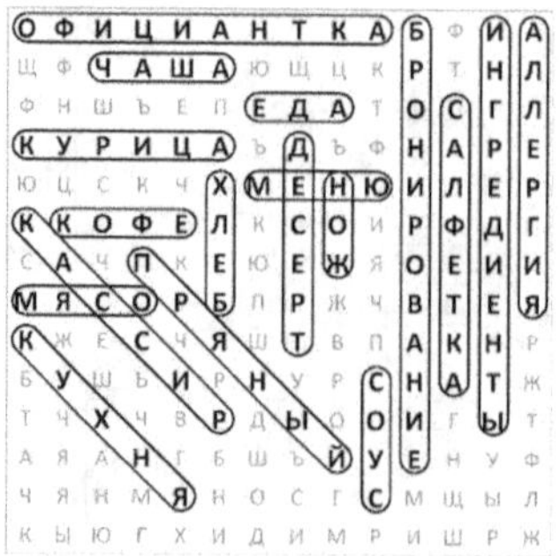

## 48 - Profesiones #2

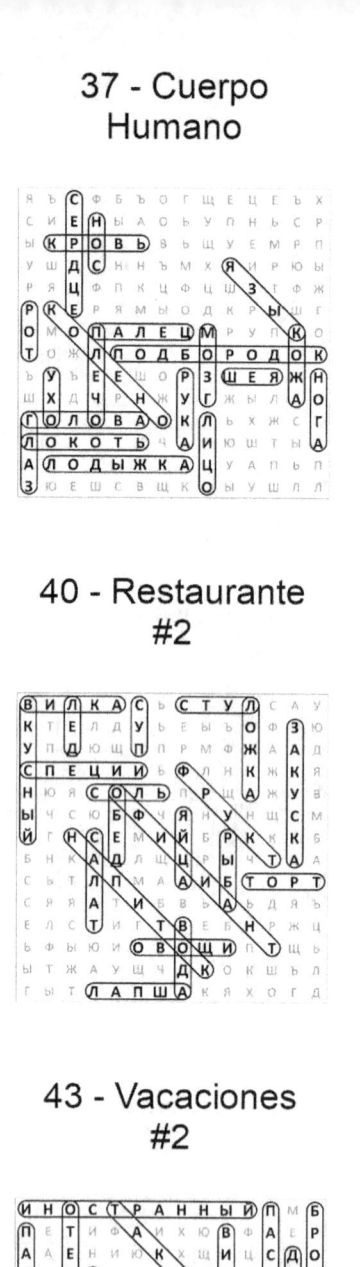

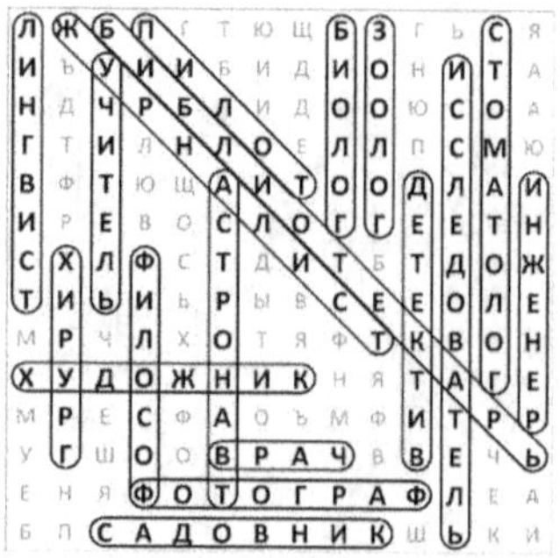

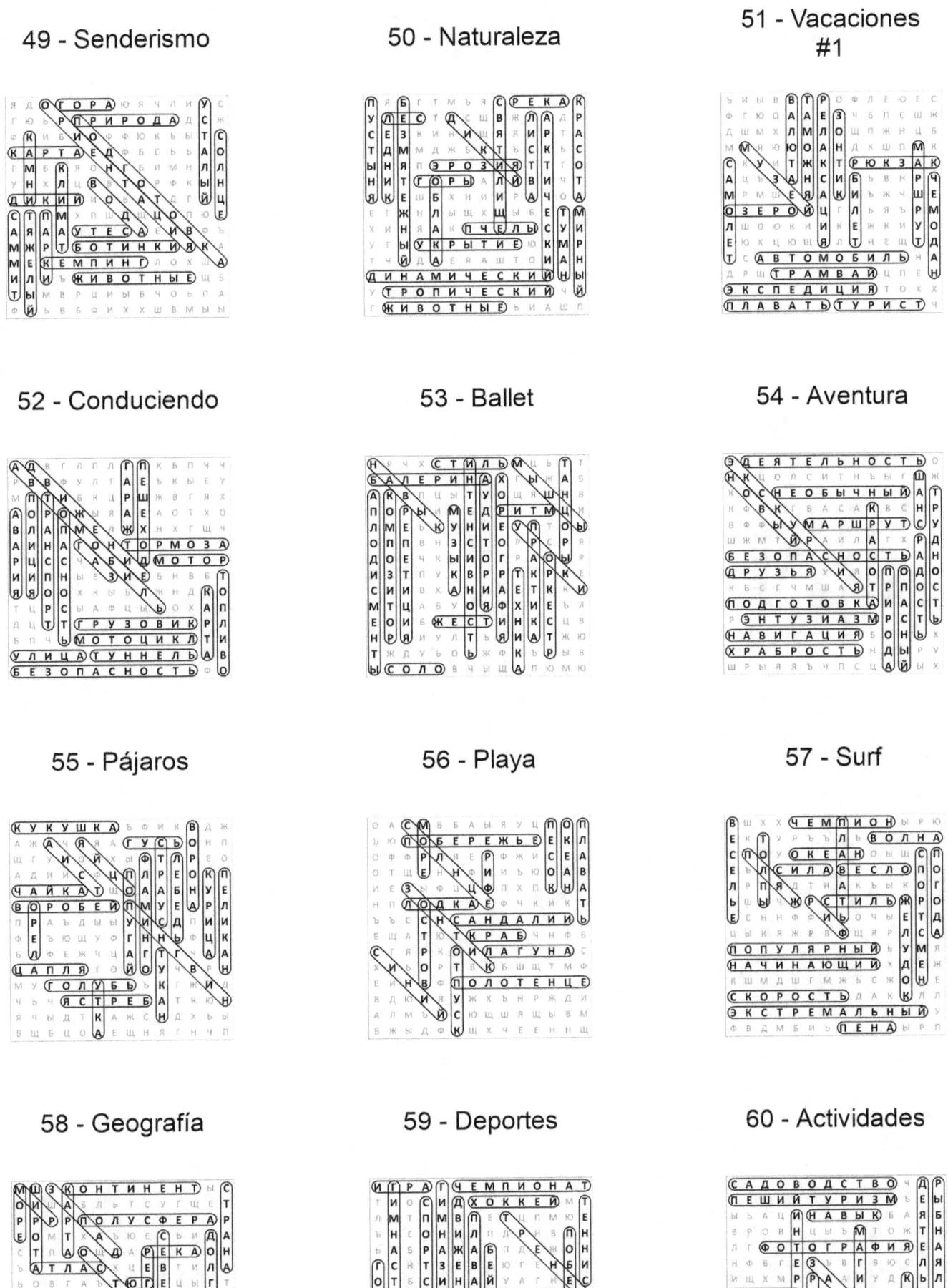

## 49 - Senderismo

## 50 - Naturaleza

## 51 - Vacaciones #1

## 52 - Conduciendo

## 53 - Ballet

## 54 - Aventura

## 55 - Pájaros

## 56 - Playa

## 57 - Surf

## 58 - Geografía

## 59 - Deportes

## 60 - Actividades

# 61 - Verduras

# 62 - Instrumentos Musicales

# 63 - Escalada

# 64 - Mascotas

# 65 - Formas

# 66 - Flores

# 67 - Astronomía

# 68 - Tiempo

# 69 - Paisajes

# 70 - Días y Meses

# 71 - Chocolate

# 72 - Barbacoas

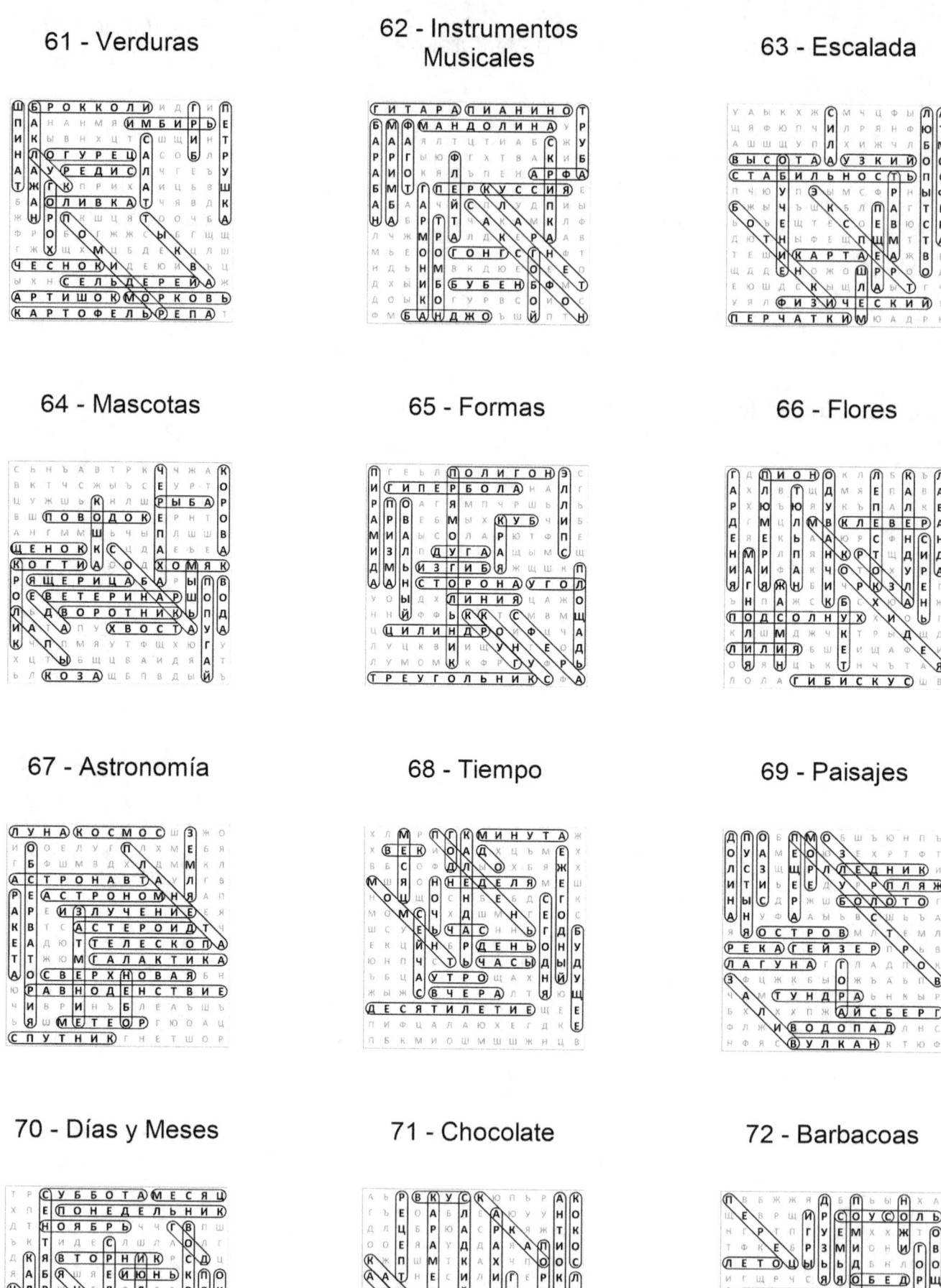

## 73 - Ropa

ПАЛЬТО, ОЖЕРЕЛЬЕ, ПЛАТЬЕ, РУБАШКА, ФАРТУК, КУРТКА

## 74 - Meditación

БЛАГОДАРНОСТЬ, ПРИРОДА, ПОЗА, ВНИМАНИЕ, МЫСЛИ, ДЫХАНИЕ

## 75 - Comedia

ЖАНРЫ, ШУТКИ, ПАРОДИЯ, ТЕЛЕВИДЕНИЕ

## 76 - Libros

ИСТОРИЯ, КОЛЛЕКЦИЯ, КОНТЕКСТ, АВТОР, ПОЭЗИЯ, УМЕСТНЫЙ

## 77 - Nutrición

КАЧЕСТВО, ЗДОРОВЫЙ, СЪЕДОБНЫЙ, ВКУСНЯТИНА, ВИТАМИН, АППЕТИТ

## 78 - Edificios

МУЗЕЙ, ОБЩЕЖИТИЕ, ОТЕЛЬ, ТЕАТР, ГАРАЖ, АМБАР, ЗАВОД

## 79 - Océano

СОЛЬ, КРЕВЕТКА, ОСЬМИНОГ, ЧЕРЕПАХА, АКУЛА, УГОРЬ, ЛОДКА, ПРИЛИВЫ, КОРАЛЛ, КИТ

## 80 - Ciudad

СУПЕРМАРКЕТ, ФЛОРИСТ, РЕСТОРАН, МУЗЕЙ, ШКОЛА, ПЕКАРНЯ, БАНК, КЛИНИКА, ЗООПАРК, УНИВЕРСИТЕТ, АЭРОПОРТ, БИБЛИОТЕКА, СТАДИОН, КИНО

## 81 - Campeonato

ПОБЕДА, МЕДАЛЬ, ЛИГА, СТРАТЕГИЯ, ФИНАЛИСТ, ТРЕНЕР, ДЫШАТЬ, ЧЕМПИОНАТ, ВЫНОСЛИВОСТЬ, ПРЕДСТАВЛЕНИЕ, СПОРТИВНЫЙ

## 82 - Actividades y Ocio

КЕМПИНГ, ПЛАВАНИЕ, САДОВОДСТВО, БОКС, ФИЛЬМЫ, ГОНОЧНЫЙ

## 83 - Comida #1

САЛАТ, САХАР, РЕПА, КЛУБНИКА, ЯЧМЕНЬ, ШПИНАТ, ТУНЕЦ, СУП

## 84 - Literatura

МЕТАФОРА, РАССКАЗ, ЗАКЛЮЧЕНИЕ, РОМАН, ОПИСАНИЕ, СТИЛЬ

## 85 - Baño

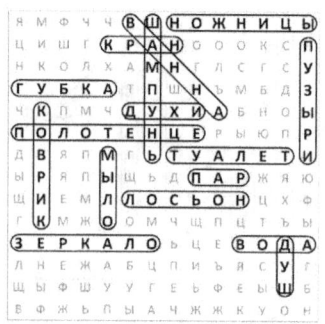

## 86 - Clima

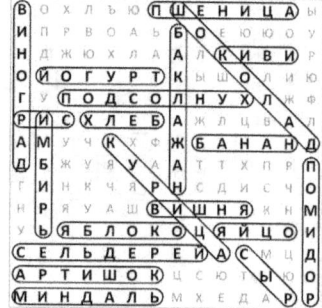

## 87 - Comida #2

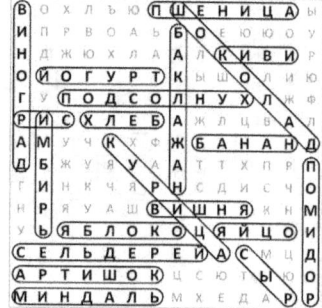

## 88 - Castillos

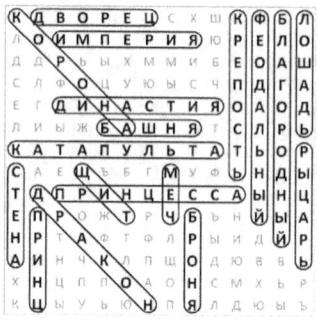

## 89 - Arte

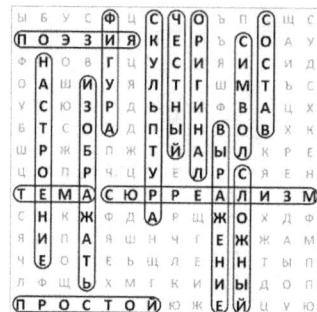

## 90 - Herboristería

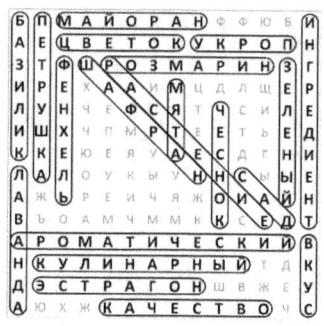

## 91 - Verano

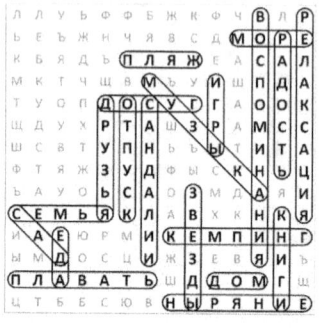

## 92 - Insectos

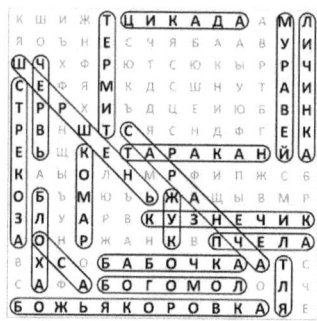

## 93 - Especias

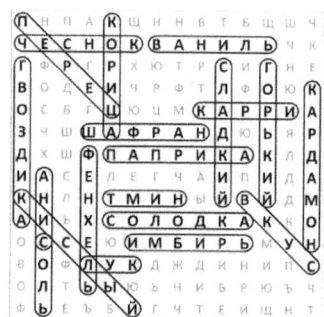

## 94 - Emociones

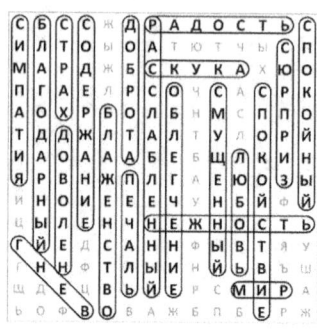

## 95 - Mediciones

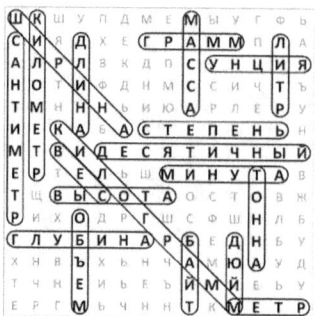

## 96 - Barcos

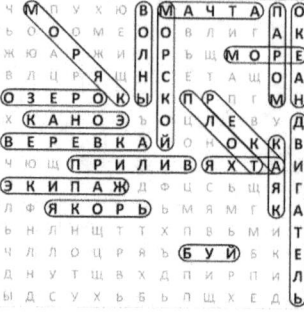

## 97 - Antártida

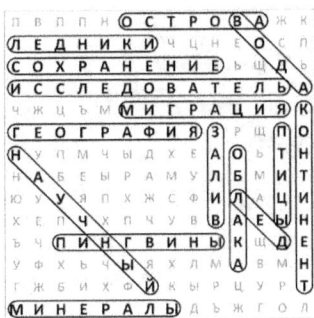

## 98 - Piratas

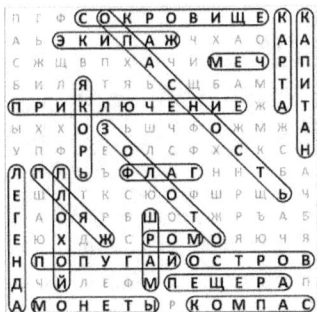

## 99 - Mamíferos

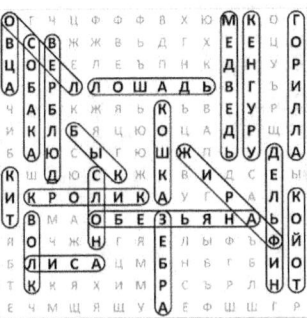

## 100 - Abejas

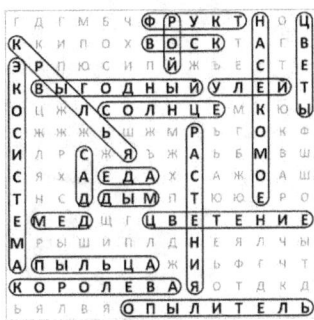

# Diccionario

### Abejas
#### Пчелы

| | |
|---|---|
| **Alas** | Крылья |
| **Beneficioso** | Выгодный |
| **Cera** | Воск |
| **Colmena** | Улей |
| **Comida** | Еда |
| **Diversidad** | Разнообразие |
| **Ecosistema** | Экосистема |
| **Enjambre** | Рой |
| **Flor** | Цветение |
| **Flores** | Цветы |
| **Fruta** | Фрукт |
| **Humo** | Дым |
| **Insecto** | Насекомое |
| **Jardín** | Сад |
| **Miel** | Мед |
| **Plantas** | Растения |
| **Polen** | Пыльца |
| **Polinizador** | Опылитель |
| **Reina** | Королева |
| **Sol** | Солнце |

### Actividades
#### Виды Деятельности

| | |
|---|---|
| **Actividad** | Деятельность |
| **Arte** | Искусство |
| **Artesanía** | Ремесла |
| **Caza** | Охота |
| **Cerámica** | Керамика |
| **Costura** | Шитье |
| **Fotografía** | Фотография |
| **Habilidad** | Навык |
| **Intereses** | Интересы |
| **Jardinería** | Садоводство |
| **Juegos** | Игры |
| **Lectura** | Чтение |
| **Magia** | Магия |
| **Ocio** | Досуг |
| **Pesca** | Рыбная Ловля |
| **Placer** | Удовольствие |
| **Relajación** | Релаксация |
| **Rompecabezas** | Загадки |
| **Senderismo** | Пеший Туризм |
| **Tejer** | Вязание |

### Actividades y Ocio
#### Развлечения и Досуг

| | |
|---|---|
| **Aficiones** | Хобби |
| **Arte** | Искусство |
| **Baloncesto** | Баскетбол |
| **Béisbol** | Бейсбол |
| **Boxeo** | Бокс |
| **Buceo** | Ныряние |
| **Camping** | Кемпинг |
| **Carreras** | Гоночный |
| **Fútbol** | Футбол |
| **Golf** | Гольф |
| **Jardinería** | Садоводство |
| **Natación** | Плавание |
| **Pesca** | Рыбная Ловля |
| **Relajante** | Расслабляющий |
| **Senderismo** | Пеший Туризм |
| **Surf** | Серфинг |
| **Tenis** | Теннис |
| **Voleibol** | Волейбол |

### Adjetivos #1
#### Прилагательные #1

| | |
|---|---|
| **Absoluto** | Абсолютный |
| **Activo** | Активный |
| **Ambicioso** | Амбициозный |
| **Aromático** | Ароматический |
| **Brillante** | Яркий |
| **Enorme** | Огромный |
| **Exótico** | Экзотический |
| **Generoso** | Щедрый |
| **Grande** | Большой |
| **Honesto** | Честный |
| **Importante** | Важный |
| **Inocente** | Невинный |
| **Joven** | Молодой |
| **Lento** | Медленный |
| **Moderno** | Современный |
| **Oscuro** | Темный |
| **Perfecto** | Совершенный |
| **Pesado** | Тяжелый |
| **Serio** | Серьезный |
| **Valioso** | Ценный |

### Adjetivos #2
#### Прилагательные #2

| | |
|---|---|
| **Cansado** | Усталый |
| **Comestible** | Съедобный |
| **Creativo** | Творческий |
| **Descriptivo** | Описательный |
| **Dramático** | Драматический |
| **Elegante** | Элегантный |
| **Famoso** | Известный |
| **Fresco** | Свежий |
| **Fuerte** | Сильный |
| **Interesante** | Интересный |
| **Natural** | Естественный |
| **Normal** | Нормальный |
| **Nuevo** | Новый |
| **Orgulloso** | Гордый |
| **Picante** | Пряный |
| **Productivo** | Продуктивный |
| **Responsable** | Ответственный |
| **Salado** | Соленый |
| **Saludable** | Здоровый |
| **Seco** | Сухой |

### Agua
#### Вода

| | |
|---|---|
| **Canal** | Канал |
| **Ducha** | Душ |
| **Evaporación** | Испарение |
| **Géiser** | Гейзер |
| **Helada** | Мороз |
| **Hielo** | Лед |
| **Humedad** | Влажность |
| **Huracán** | Ураган |
| **Inundación** | Наводнение |
| **Lago** | Озеро |
| **Lluvia** | Дождь |
| **Monzón** | Муссон |
| **Nieve** | Снег |
| **Océano** | Океан |
| **Olas** | Волны |
| **Potable** | Питьевой |
| **Riego** | Орошение |
| **Río** | Река |
| **Vapor** | Пар |

## Ajedrez
### Шахматы

| | |
|---|---|
| **Blanco** | Белый |
| **Campeón** | Чемпион |
| **Concurso** | Конкурс |
| **Diagonal** | Диагональ |
| **Estrategia** | Стратегия |
| **Inteligente** | Умный |
| **Juego** | Игра |
| **Jugador** | Игрок |
| **Negro** | Черный |
| **Oponente** | Оппонент |
| **Pasivo** | Пассивный |
| **Puntos** | Точки |
| **Reglas** | Правила |
| **Reina** | Королева |
| **Rey** | Король |
| **Sacrificio** | Жертва |
| **Tiempo** | Время |
| **Torneo** | Турнир |

## Antártida
### Антарктида

| | |
|---|---|
| **Agua** | Вода |
| **Bahía** | Залив |
| **Científico** | Научный |
| **Conservación** | Сохранение |
| **Continente** | Континент |
| **Expedición** | Экспедиция |
| **Geografía** | География |
| **Glaciares** | Ледники |
| **Hielo** | Лед |
| **Investigador** | Исследователь |
| **Islas** | Острова |
| **Migración** | Миграция |
| **Minerales** | Минералы |
| **Nubes** | Облака |
| **Pájaros** | Птицы |
| **Península** | Полуостров |
| **Pingüinos** | Пингвины |
| **Rocoso** | Скалистый |
| **Temperatura** | Температура |
| **Topografía** | Топография |

## Arte
### Искусство

| | |
|---|---|
| **Cerámica** | Керамический |
| **Complejo** | Сложный |
| **Composición** | Состав |
| **Escultura** | Скульптура |
| **Expresión** | Выражение |
| **Figura** | Фигура |
| **Honesto** | Честный |
| **Humor** | Настроение |
| **Inspirado** | Вдохновленный |
| **Original** | Оригинал |
| **Poesía** | Поэзия |
| **Retratar** | Изображать |
| **Sencillo** | Простой |
| **Símbolo** | Символ |
| **Surrealismo** | Сюрреализм |
| **Tema** | Тема |
| **Visual** | Визуальный |

## Artes Visuales
### Изобразительное Искусство

| | |
|---|---|
| **Arcilla** | Глина |
| **Arquitectura** | Архитектура |
| **Artista** | Художник |
| **Barniz** | Лак |
| **Caballete** | Мольберт |
| **Carbón** | Уголь |
| **Cera** | Воск |
| **Cerámica** | Керамика |
| **Composición** | Состав |
| **Creatividad** | Креативность |
| **Escultura** | Скульптура |
| **Fotografía** | Фотография |
| **Lápiz** | Карандаш |
| **Obra Maestra** | Шедевр |
| **Película** | Фильм |
| **Perspectiva** | Перспектива |
| **Plantilla** | Трафарет |
| **Pluma** | Ручка |
| **Retrato** | Портрет |
| **Tiza** | Мел |

## Astronomía
### Астрономия

| | |
|---|---|
| **Asteroide** | Астероид |
| **Astronauta** | Астронавт |
| **Astrónomo** | Астроном |
| **Cielo** | Небо |
| **Cohete** | Ракета |
| **Constelación** | Созвездие |
| **Cosmos** | Космос |
| **Eclipse** | Затмение |
| **Equinoccio** | Равноденствие |
| **Galaxia** | Галактика |
| **Luna** | Луна |
| **Meteoro** | Метеор |
| **Observatorio** | Обсерватория |
| **Planeta** | Планета |
| **Radiación** | Излучение |
| **Satélite** | Спутник |
| **Supernova** | Сверхновая |
| **Telescopio** | Телескоп |
| **Tierra** | Земля |
| **Universo** | Вселенная |

## Aventura
### Приключение

| | |
|---|---|
| **Actividad** | Деятельность |
| **Alegría** | Радость |
| **Amigos** | Друзья |
| **Belleza** | Красота |
| **Dificultad** | Трудность |
| **Entusiasmo** | Энтузиазм |
| **Excursión** | Экскурсия |
| **Inusual** | Необычный |
| **Itinerario** | Маршрут |
| **Naturaleza** | Природа |
| **Navegación** | Навигация |
| **Nuevo** | Новый |
| **Oportunidad** | Шанс |
| **Peligroso** | Опасный |
| **Preparación** | Подготовка |
| **Seguridad** | Безопасность |
| **Valentía** | Храбрость |

## Aviones
### Самолеты

| | |
|---|---|
| **Aire** | Воздух |
| **Altura** | Высота |
| **Aterrizaje** | Посадка |
| **Atmósfera** | Атмосфера |
| **Aventura** | Приключение |
| **Cielo** | Небо |
| **Clima** | Погода |
| **Combustible** | Топливо |
| **Construcción** | Строительство |
| **Dirección** | Направление |
| **Diseño** | Дизайн |
| **Globo** | Воздушный Шар |
| **Hélices** | Пропеллеры |
| **Hidrógeno** | Водород |
| **Historia** | История |
| **Inflar** | Надувать |
| **Motor** | Двигатель |
| **Pasajero** | Пассажир |
| **Piloto** | Пилот |
| **Tripulación** | Экипаж |

## Baile
### Танец

| | |
|---|---|
| **Academia** | Академия |
| **Alegre** | Радостный |
| **Arte** | Искусство |
| **Clásico** | Классический |
| **Coreografía** | Хореография |
| **Cuerpo** | Тело |
| **Cultura** | Культура |
| **Cultural** | Культурный |
| **Emoción** | Эмоция |
| **Ensayo** | Репетиция |
| **Expresivo** | Выразительный |
| **Gracia** | Грация |
| **Movimiento** | Движение |
| **Música** | Музыка |
| **Postura** | Поза |
| **Ritmo** | Ритм |
| **Socio** | Партнер |
| **Tradicional** | Традиционный |
| **Visual** | Визуальный |

## Ballet
### Балет

| | |
|---|---|
| **Aplauso** | Аплодисменты |
| **Audiencia** | Аудитория |
| **Bailarina** | Балерина |
| **Bailarines** | Танцоры |
| **Compositor** | Композитор |
| **Coreografía** | Хореография |
| **Ensayo** | Репетиция |
| **Estilo** | Стиль |
| **Expresivo** | Выразительный |
| **Gesto** | Жест |
| **Habilidad** | Навык |
| **Intensidad** | Интенсивность |
| **Lecciones** | Уроки |
| **Músculos** | Мышцы |
| **Música** | Музыка |
| **Orquesta** | Оркестр |
| **Práctica** | Практика |
| **Ritmo** | Ритм |
| **Solo** | Соло |
| **Técnica** | Техника |

## Baño
### Ванная

| | |
|---|---|
| **Agua** | Вода |
| **Alfombra** | Коврик |
| **Aseo** | Туалет |
| **Baño** | Ванна |
| **Burbujas** | Пузыри |
| **Champú** | Шампунь |
| **Ducha** | Душ |
| **Espejo** | Зеркало |
| **Esponja** | Губка |
| **Grifo** | Кран |
| **Jabón** | Мыло |
| **Loción** | Лосьон |
| **Perfume** | Духи |
| **Tijeras** | Ножницы |
| **Toalla** | Полотенце |
| **Vapor** | Пар |

## Barbacoas
### Барбекю

| | |
|---|---|
| **Amigos** | Друзья |
| **Caliente** | Горячий |
| **Cebollas** | Лук |
| **Cena** | Обед |
| **Cuchillos** | Ножи |
| **Ensaladas** | Салаты |
| **Familia** | Семья |
| **Fruta** | Фрукт |
| **Hambre** | Голод |
| **Juegos** | Игры |
| **Música** | Музыка |
| **Niños** | Дети |
| **Parrilla** | Гриль |
| **Pimienta** | Перец |
| **Pollo** | Курица |
| **Sal** | Соль |
| **Salsa** | Соус |
| **Tomates** | Помидоры |
| **Verano** | Лето |
| **Verduras** | Овощи |

## Barcos
### Лодки

| | |
|---|---|
| **Ancla** | Якорь |
| **Balsa** | Плот |
| **Boya** | Буй |
| **Canoa** | Каноэ |
| **Cuerda** | Веревка |
| **Ferry** | Паром |
| **Kayak** | Каяк |
| **Lago** | Озеро |
| **Mar** | Море |
| **Marea** | Прилив |
| **Marinero** | Моряк |
| **Mástil** | Мачта |
| **Motor** | Двигатель |
| **Náutico** | Морской |
| **Océano** | Океан |
| **Olas** | Волны |
| **Río** | Река |
| **Tripulación** | Экипаж |
| **Yate** | Яхта |

## Campeonato
### Чемпионат

| | |
|---|---|
| **Campeonato** | Чемпионат |
| **Campeón** | Чемпион |
| **Deportes** | Спортивный |
| **Entrenador** | Тренер |
| **Equipo** | Команда |
| **Estrategia** | Стратегия |
| **Finalista** | Финалист |
| **Juegos** | Игры |
| **Juez** | Судья |
| **Liga** | Лига |
| **Medalla** | Медаль |
| **Motivación** | Мотивация |
| **Rendimiento** | Представление |
| **Resistencia** | Выносливость |
| **Respirar** | Дышать |
| **Torneo** | Турнир |
| **Victoria** | Победа |

## Camping
### Кемпинг

| | |
|---|---|
| **Animales** | Животные |
| **Aventura** | Приключение |
| **Árboles** | Деревья |
| **Bosque** | Лес |
| **Brújula** | Компас |
| **Canoa** | Каноэ |
| **Carpa** | Палатка |
| **Caza** | Охота |
| **Cuerda** | Веревка |
| **Equipo** | Оборудование |
| **Fuego** | Огонь |
| **Hamaca** | Гамак |
| **Insecto** | Насекомое |
| **Lago** | Озеро |
| **Linterna** | Фонарь |
| **Luna** | Луна |
| **Mapa** | Карта |
| **Montaña** | Гора |
| **Naturaleza** | Природа |
| **Sombrero** | Шляпа |

## Casa
### Дом

| | |
|---|---|
| **Alfombra** | Коврик |
| **Ático** | Чердак |
| **Biblioteca** | Библиотека |
| **Chimenea** | Камин |
| **Cocina** | Кухня |
| **Dormitorio** | Спальня |
| **Ducha** | Душ |
| **Escoba** | Метла |
| **Espejo** | Зеркало |
| **Garaje** | Гараж |
| **Grifo** | Кран |
| **Jardín** | Сад |
| **Lámpara** | Лампа |
| **Pared** | Стена |
| **Piso** | Этаж |
| **Puerta** | Дверь |
| **Sótano** | Подвал |
| **Techo** | Крыша |
| **Valla** | Забор |
| **Ventana** | Окно |

## Castillos
### Замки

| | |
|---|---|
| **Armadura** | Броня |
| **Caballero** | Рыцарь |
| **Caballo** | Лошадь |
| **Catapulta** | Катапульта |
| **Corona** | Корона |
| **Dinastía** | Династия |
| **Dragón** | Дракон |
| **Escudo** | Щит |
| **Espada** | Меч |
| **Feudal** | Феодальный |
| **Fortaleza** | Крепость |
| **Imperio** | Империя |
| **Noble** | Благородный |
| **Palacio** | Дворец |
| **Pared** | Стена |
| **Princesa** | Принцесса |
| **Príncipe** | Принц |
| **Reino** | Королевство |
| **Torre** | Башня |
| **Unicornio** | Единорог |

## Chocolate
### Шоколад

| | |
|---|---|
| **Amargo** | Горький |
| **Antioxidante** | Антиоксидант |
| **Aroma** | Аромат |
| **Azúcar** | Сахар |
| **Cacahuetes** | Арахис |
| **Cacao** | Какао |
| **Calidad** | Качество |
| **Calorías** | Калории |
| **Caramelo** | Карамель |
| **Coco** | Кокос |
| **Delicioso** | Вкусный |
| **Dulce** | Сладкий |
| **Exótico** | Экзотический |
| **Favorito** | Любимый |
| **Gusto** | Вкус |
| **Ingrediente** | Ингредиент |
| **Polvo** | Порошок |
| **Receta** | Рецепт |

## Ciencia
### Наука

| | |
|---|---|
| **Átomo** | Атом |
| **Científico** | Ученый |
| **Clima** | Климат |
| **Datos** | Данные |
| **Evolución** | Эволюция |
| **Experimento** | Эксперимент |
| **Física** | Физика |
| **Fósil** | Ископаемое |
| **Gravedad** | Гравитация |
| **Hecho** | Факт |
| **Hipótesis** | Гипотеза |
| **Laboratorio** | Лаборатория |
| **Método** | Метод |
| **Minerales** | Минералы |
| **Moléculas** | Молекулы |
| **Naturaleza** | Природа |
| **Organismo** | Организм |
| **Partículas** | Частицы |
| **Plantas** | Растения |
| **Químico** | Химические |

## Ciencia Ficción
### Научная Фантастика

| | |
|---|---|
| **Atómico** | Атомный |
| **Cine** | Кино |
| **Clones** | Клоны |
| **Escenario** | Сценарий |
| **Explosión** | Взрыв |
| **Extremo** | Экстремальный |
| **Fuego** | Огонь |
| **Galaxia** | Галактика |
| **Ilusión** | Иллюзия |
| **Imaginario** | Воображаемый |
| **Libros** | Книги |
| **Misterioso** | Таинственный |
| **Mundo** | Мир |
| **Novelas** | Романы |
| **Oráculo** | Оракул |
| **Planeta** | Планета |
| **Realista** | Реалистичный |
| **Robots** | Роботы |
| **Tecnología** | Технология |
| **Utopía** | Утопия |

## Circo
### Цирк

| | |
|---|---|
| **Acróbata** | Акробат |
| **Animales** | Животные |
| **Billete** | Билет |
| **Caramelo** | Конфеты |
| **Carpa** | Палатка |
| **Desfile** | Парад |
| **Elefante** | Слон |
| **Entretener** | Развлекать |
| **Espectador** | Зритель |
| **León** | Лев |
| **Magia** | Магия |
| **Mago** | Маг |
| **Malabarista** | Жонглер |
| **Mono** | Обезьяна |
| **Mostrar** | Показать |
| **Música** | Музыка |
| **Payaso** | Клоун |
| **Tigre** | Тигр |
| **Traje** | Костюм |
| **Truco** | Обманывать |

## Ciudad
### Город

| | |
|---|---|
| **Aeropuerto** | Аэропорт |
| **Banco** | Банк |
| **Biblioteca** | Библиотека |
| **Cine** | Кино |
| **Clínica** | Клиника |
| **Escuela** | Школа |
| **Estadio** | Стадион |
| **Farmacia** | Аптека |
| **Florista** | Флорист |
| **Galería** | Галерея |
| **Hotel** | Отель |
| **Mercado** | Рынок |
| **Museo** | Музей |
| **Panadería** | Пекарня |
| **Restaurante** | Ресторан |
| **Supermercado** | Супермаркет |
| **Teatro** | Театр |
| **Tienda** | Магазин |
| **Universidad** | Университет |
| **Zoo** | Зоопарк |

## Clima
### Погода

| | |
|---|---|
| **Atmósfera** | Атмосфера |
| **Brisa** | Бриз |
| **Cielo** | Небо |
| **Clima** | Климат |
| **Hielo** | Лед |
| **Huracán** | Ураган |
| **Inundación** | Наводнение |
| **Monzón** | Муссон |
| **Niebla** | Туман |
| **Nube** | Облако |
| **Polar** | Полярный |
| **Rayo** | Молния |
| **Seco** | Сухой |
| **Sequía** | Засуха |
| **Temperatura** | Температура |
| **Tormenta** | Буря |
| **Tornado** | Торнадо |
| **Tropical** | Тропический |
| **Trueno** | Гром |
| **Viento** | Ветер |

## Cocina
### Кухня

| | |
|---|---|
| **Caldera** | Чайник |
| **Comida** | Еда |
| **Congelador** | Морозилка |
| **Cucharas** | Ложки |
| **Cucharón** | Ковш |
| **Cuchillos** | Ножи |
| **Delantal** | Фартук |
| **Especias** | Специи |
| **Esponja** | Губка |
| **Horno** | Печь |
| **Jarra** | Кувшин |
| **Parrilla** | Гриль |
| **Receta** | Рецепт |
| **Refrigerador** | Холодильник |
| **Servilleta** | Салфетка |
| **Tarro** | Банка |
| **Tazas** | Чашки |
| **Tazón** | Чаша |
| **Tenedores** | Вилки |

## Colores
### Цвета

| | |
|---|---|
| **Amarillo** | Желтый |
| **Azul** | Синий |
| **Azur** | Лазурный |
| **Beige** | Бежевый |
| **Blanco** | Белый |
| **Cian** | Циан |
| **Fucsia** | Фуксия |
| **Gris** | Серый |
| **Índigo** | Индиго |
| **Magenta** | Пурпурный |
| **Marrón** | Коричневый |
| **Naranja** | Оранжевый |
| **Negro** | Черный |
| **Púrpura** | Фиолетовый |
| **Rojo** | Красный |
| **Rosa** | Розовый |
| **Sepia** | Сепия |
| **Verde** | Зеленый |

## Comedia
### Комедия

| | |
|---|---|
| Actor | Актер |
| Actriz | Актриса |
| Aplauso | Аплодисменты |
| Audiencia | Аудитория |
| Chistes | Шутки |
| Diversión | Веселье |
| Expresivo | Выразительный |
| Género | Жанр |
| Gracioso | Смешной |
| Humor | Юмор |
| Improvisación | Импровизация |
| Inteligente | Умный |
| Parodia | Пародия |
| Payasos | Клоуны |
| Risa | Смех |
| Teatro | Театр |
| Televisión | Телевидение |

## Comida #1
### Еда #1

| Spanish | Russian |
|---|---|
| Ajo | Чеснок |
| Albahaca | Базилик |
| Atún | Тунец |
| Azúcar | Сахар |
| Canela | Корица |
| Carne | Мясо |
| Cebada | Ячмень |
| Cebolla | Лук |
| Ensalada | Салат |
| Espinacas | Шпинат |
| Fresa | Клубника |
| Jugo | Сок |
| Leche | Молоко |
| Limón | Лимон |
| Menta | Мята |
| Nabo | Репа |
| Pera | Груша |
| Sal | Соль |
| Sopa | Суп |
| Zanahoria | Морковь |

## Comida #2
### Еда #2

| Spanish | Russian |
|---|---|
| Alcachofa | Артишок |
| Almendra | Миндаль |
| Apio | Сельдерей |
| Arroz | Рис |
| Berenjena | Баклажан |
| Cereza | Вишня |
| Chocolate | Шоколад |
| Girasol | Подсолнух |
| Huevo | Яйцо |
| Jengibre | Имбирь |
| Kiwi | Киви |
| Manzana | Яблоко |
| Pan | Хлеб |
| Plátano | Банан |
| Pollo | Курица |
| Queso | Сыр |
| Tomate | Помидор |
| Trigo | Пшеница |
| Uva | Виноград |
| Yogur | Йогурт |

## Conduciendo
### Вождение

| Spanish | Russian |
|---|---|
| Accidente | Авария |
| Calle | Улица |
| Camión | Грузовик |
| Coche | Автомобиль |
| Combustible | Топливо |
| Frenos | Тормоза |
| Garaje | Гараж |
| Gas | Газ |
| Licencia | Лицензия |
| Mapa | Карта |
| Motocicleta | Мотоцикл |
| Motor | Мотор |
| Peatonal | Пешеход |
| Peligro | Опасность |
| Policía | Полиция |
| Seguridad | Безопасность |
| Transporte | Транспорт |
| Tráfico | Движение |
| Túnel | Туннель |
| Velocidad | Скорость |

## Cuerpo Humano
### Тело Человека

| Spanish | Russian |
|---|---|
| Barbilla | Подбородок |
| Boca | Рот |
| Cabeza | Голова |
| Cara | Лицо |
| Cerebro | Мозг |
| Codo | Локоть |
| Corazón | Сердце |
| Cuello | Шея |
| Dedo | Палец |
| Hombro | Плечо |
| Lengua | Язык |
| Mano | Рука |
| Nariz | Нос |
| Ojo | Глаз |
| Oreja | Ухо |
| Piel | Кожа |
| Pierna | Нога |
| Rodilla | Колено |
| Sangre | Кровь |
| Tobillo | Лодыжка |

## Cumpleaños
### День Рождения

| Spanish | Russian |
|---|---|
| Alegre | Радостный |
| Amigos | Друзья |
| Año | Год |
| Calendario | Календарь |
| Canción | Песня |
| Celebración | Празднование |
| Diversión | Веселье |
| Día | День |
| Especial | Особый |
| Feliz | Счастливый |
| Invitaciones | Приглашения |
| Joven | Молодой |
| Nacer | Рожденный |
| Pastel | Торт |
| Recuerdos | Воспоминания |
| Regalo | Подарок |
| Sabiduría | Мудрость |
| Tarjetas | Карты |
| Tiempo | Время |
| Velas | Свечи |

## Deportes
### Виды Спорта

| | |
|---|---|
| **Atleta** | Спортсмен |
| **Árbitro** | Судья |
| **Baloncesto** | Баскетбол |
| **Béisbol** | Бейсбол |
| **Bicicleta** | Велосипед |
| **Campeonato** | Чемпионат |
| **Entrenador** | Тренер |
| **Equipo** | Команда |
| **Estadio** | Стадион |
| **Ganador** | Победитель |
| **Gimnasia** | Гимнастика |
| **Gimnasio** | Гимназия |
| **Golf** | Гольф |
| **Hockey** | Хоккей |
| **Juego** | Игра |
| **Jugador** | Игрок |
| **Movimiento** | Движение |
| **Nadar** | Плавать |
| **Tenis** | Теннис |

## Dinosaurios
### Динозавры

| | |
|---|---|
| **Alas** | Крылья |
| **Cola** | Хвост |
| **Desaparición** | Исчезновение |
| **Enorme** | Огромный |
| **Especie** | Вид |
| **Evolución** | Эволюция |
| **Fósiles** | Ископаемые |
| **Grande** | Большой |
| **Herbívoro** | Травоядное |
| **Mamut** | Мамонт |
| **Omnívoro** | Всеядный |
| **Poderoso** | Мощный |
| **Presa** | Добыча |
| **Reptil** | Рептилия |
| **Tamaño** | Размер |
| **Tierra** | Земля |
| **Vicioso** | Порочный |

## Disciplinas Científicas
### Научные Дисциплины

| | |
|---|---|
| **Anatomía** | Анатомия |
| **Arqueología** | Археология |
| **Astronomía** | Астрономия |
| **Biología** | Биология |
| **Bioquímica** | Биохимия |
| **Botánica** | Ботаника |
| **Ecología** | Экология |
| **Fisiología** | Физиология |
| **Geología** | Геология |
| **Inmunología** | Иммунология |
| **Lingüística** | Лингвистика |
| **Mecánica** | Механика |
| **Meteorología** | Метеорология |
| **Mineralogía** | Минералогия |
| **Neurología** | Неврология |
| **Psicología** | Психология |
| **Química** | Химия |
| **Sociología** | Социология |
| **Termodinámica** | Термодинамика |
| **Zoología** | Зоология |

## Días y Meses
### Дни и Месяцы

| | |
|---|---|
| **Abril** | Апрель |
| **Agosto** | Август |
| **Año** | Год |
| **Calendario** | Календарь |
| **Domingo** | Воскресенье |
| **Enero** | Январь |
| **Febrero** | Февраль |
| **Jueves** | Четверг |
| **Julio** | Июль |
| **Junio** | Июнь |
| **Lunes** | Понедельник |
| **Martes** | Вторник |
| **Mes** | Месяц |
| **Miércoles** | Среда |
| **Noviembre** | Ноябрь |
| **Octubre** | Октябрь |
| **Sábado** | Суббота |
| **Semana** | Неделя |
| **Septiembre** | Сентябрь |
| **Viernes** | Пятница |

## Ecología
### Экология

| | |
|---|---|
| **Clima** | Климат |
| **Comunidades** | Сообщества |
| **Diversidad** | Разнообразие |
| **Especie** | Вид |
| **Fauna** | Фауна |
| **Flora** | Флора |
| **Global** | Глобальный |
| **Marino** | Морской |
| **Montañas** | Горы |
| **Natural** | Естественный |
| **Naturaleza** | Природа |
| **Pantano** | Болото |
| **Plantas** | Растения |
| **Recursos** | Ресурсы |
| **Sequía** | Засуха |
| **Supervivencia** | Выживание |
| **Voluntarios** | Волонтеры |

## Edificios
### Здания

| | |
|---|---|
| **Albergue** | Общежитие |
| **Apartamento** | Квартира |
| **Castillo** | Замок |
| **Cine** | Кино |
| **Embajada** | Посольство |
| **Escuela** | Школа |
| **Estadio** | Стадион |
| **Fábrica** | Завод |
| **Garaje** | Гараж |
| **Granero** | Амбар |
| **Granja** | Ферма |
| **Hospital** | Больница |
| **Hotel** | Отель |
| **Laboratorio** | Лаборатория |
| **Museo** | Музей |
| **Observatorio** | Обсерватория |
| **Supermercado** | Супермаркет |
| **Teatro** | Театр |
| **Torre** | Башня |
| **Universidad** | Университет |

## Emociones
### Эмоции

| | |
|---|---|
| **Aburrimiento** | Скука |
| **Agradecido** | Благодарный |
| **Alegría** | Радость |
| **Alivio** | Облегчение |
| **Amor** | Любовь |
| **Avergonzado** | Смущенный |
| **Beatitud** | Блаженство |
| **Bondad** | Доброта |
| **Calma** | Спокойный |
| **Contenido** | Содержание |
| **Ira** | Гнев |
| **Miedo** | Страх |
| **Paz** | Мир |
| **Relajado** | Расслабленный |
| **Satisfecho** | Доволен |
| **Simpatía** | Симпатия |
| **Sorpresa** | Сюрприз |
| **Ternura** | Нежность |
| **Tranquilidad** | Спокойствие |
| **Tristeza** | Печаль |

## Escalada
### Альпинизм

| | |
|---|---|
| **Altitud** | Высота |
| **Atmósfera** | Атмосфера |
| **Botas** | Ботинки |
| **Casco** | Шлем |
| **Cueva** | Пещера |
| **Curiosidad** | Любопытство |
| **Estabilidad** | Стабильность |
| **Estrecho** | Узкий |
| **Experto** | Эксперт |
| **Físico** | Физический |
| **Formación** | Обучение |
| **Fuerza** | Сила |
| **Guantes** | Перчатки |
| **Lesión** | Травма |
| **Mapa** | Карта |
| **Senderismo** | Пеший Туризм |

## Escuela #1
### Школа #1

| | |
|---|---|
| **Alfabeto** | Алфавит |
| **Almuerzo** | Обед |
| **Amigos** | Друзья |
| **Biblioteca** | Библиотека |
| **Carpetas** | Папки |
| **Diversión** | Веселье |
| **Escritorio** | Стол |
| **Examen** | Викторина |
| **Exámenes** | Экзамены |
| **Lápiz** | Карандаш |
| **Leer** | Читать |
| **Libros** | Книги |
| **Marcadores** | Маркеры |
| **Matemática** | Математика |
| **Números** | Числа |
| **Papel** | Бумага |
| **Plumas** | Ручки |
| **Profesor** | Учитель |
| **Respuestas** | Ответы |
| **Silla** | Стул |

## Escuela #2
### Школа #2

| | |
|---|---|
| **Académico** | Академический |
| **Autobús** | Автобус |
| **Biblioteca** | Библиотека |
| **Calendario** | Календарь |
| **Ciencia** | Наука |
| **Diccionario** | Словарь |
| **Educación** | Образование |
| **Gramática** | Грамматика |
| **Juegos** | Игры |
| **Lápiz** | Карандаш |
| **Lectura** | Чтение |
| **Libros** | Книги |
| **Literatura** | Литература |
| **Mochila** | Рюкзак |
| **Ordenador** | Компьютер |
| **Papel** | Бумага |
| **Profesor** | Учитель |
| **Ropa** | Одежда |
| **Suministros** | Припасы |
| **Tijeras** | Ножницы |

## Especias
### Специи

| | |
|---|---|
| **Agrio** | Кислый |
| **Ajo** | Чеснок |
| **Amargo** | Горький |
| **Anís** | Анис |
| **Azafrán** | Шафран |
| **Canela** | Корица |
| **Cardamomo** | Кардамон |
| **Cebolla** | Лук |
| **Clavo** | Гвоздика |
| **Comino** | Тмин |
| **Curry** | Карри |
| **Dulce** | Сладкий |
| **Hinojo** | Фенхель |
| **Jengibre** | Имбирь |
| **Pimentón** | Паприка |
| **Pimienta** | Перец |
| **Regaliz** | Солодка |
| **Sabor** | Вкус |
| **Sal** | Соль |
| **Vainilla** | Ваниль |

## Familia
### Семья

| | |
|---|---|
| **Abuela** | Бабушка |
| **Abuelo** | Дед |
| **Antepasado** | Предок |
| **Esposa** | Жена |
| **Hermana** | Сестра |
| **Hermano** | Брат |
| **Hija** | Дочь |
| **Infancia** | Детство |
| **Madre** | Мать |
| **Marido** | Муж |
| **Materno** | Материнский |
| **Nieto** | Внук |
| **Niño** | Ребенок |
| **Niños** | Дети |
| **Padre** | Отец |
| **Paterno** | Отцовский |
| **Sobrina** | Племянница |
| **Sobrino** | Племянник |
| **Tía** | Тетя |
| **Tío** | Дядя |

## Flores
### Цветы

| | |
|---|---|
| **Amapola** | Мак |
| **Caléndula** | Календула |
| **Diente de León** | Одуванчик |
| **Gardenia** | Гардения |
| **Girasol** | Подсолнух |
| **Hibisco** | Гибискус |
| **Jazmín** | Жасмин |
| **Lavanda** | Лаванда |
| **Lila** | Сирень |
| **Lirio** | Лилия |
| **Magnolia** | Магнолия |
| **Margarita** | Маргаритка |
| **Orquídea** | Орхидея |
| **Peonía** | Пион |
| **Pétalo** | Лепесток |
| **Plumeria** | Плюмерия |
| **Ramo** | Букет |
| **Rosa** | Роза |
| **Trébol** | Клевер |
| **Tulipán** | Тюльпан |

## Formas
### Формы

| | |
|---|---|
| **Arco** | Дуга |
| **Bordes** | Края |
| **Cilindro** | Цилиндр |
| **Círculo** | Круг |
| **Cono** | Конус |
| **Cuadrado** | Площадь |
| **Cubo** | Куб |
| **Curva** | Изгиб |
| **Elipse** | Эллипс |
| **Esfera** | Сфера |
| **Esquina** | Угол |
| **Hipérbola** | Гипербола |
| **Lado** | Сторона |
| **Línea** | Линия |
| **Oval** | Овальный |
| **Pirámide** | Пирамида |
| **Polígono** | Полигон |
| **Prisma** | Призма |
| **Rectángulo** | Прямоугольник |
| **Triángulo** | Треугольник |

## Fruta
### Фрукты

| | |
|---|---|
| **Aguacate** | Авокадо |
| **Albaricoque** | Абрикос |
| **Baya** | Ягода |
| **Cereza** | Вишня |
| **Coco** | Кокос |
| **Frambuesa** | Малина |
| **Guayaba** | Гуава |
| **Kiwi** | Киви |
| **Limón** | Лимон |
| **Mango** | Манго |
| **Manzana** | Яблоко |
| **Melocotón** | Персик |
| **Melón** | Дыня |
| **Naranja** | Оранжевый |
| **Nectarina** | Нектарин |
| **Papaya** | Папайя |
| **Pera** | Груша |
| **Piña** | Ананас |
| **Plátano** | Банан |
| **Uva** | Виноград |

## Gatos
### Кошки

| | |
|---|---|
| **Afectuoso** | Любящий |
| **Cazador** | Охотник |
| **Cola** | Хвост |
| **Curioso** | Любопытный |
| **Dormir** | Спать |
| **Garra** | Коготь |
| **Gracioso** | Смешной |
| **Hilo** | Пряжа |
| **Independiente** | Независимый |
| **Juguetón** | Игривый |
| **Loco** | Сумасшедший |
| **Pata** | Лапа |
| **Personalidad** | Личность |
| **Piel** | Мех |
| **Poco** | Маленький |
| **Ratón** | Мышь |
| **Rápido** | Быстро |
| **Salvaje** | Дикий |
| **Tímido** | Застенчивый |

## Geografía
### География

| | |
|---|---|
| **Altitud** | Высота |
| **Atlas** | Атлас |
| **Ciudad** | Город |
| **Continente** | Континент |
| **Hemisferio** | Полусфера |
| **Isla** | Остров |
| **Latitud** | Широта |
| **Longitud** | Долгота |
| **Mapa** | Карта |
| **Mar** | Море |
| **Meridiano** | Меридиан |
| **Montaña** | Гора |
| **Mundo** | Мир |
| **Norte** | Север |
| **Oeste** | Запад |
| **País** | Страна |
| **Región** | Регион |
| **Río** | Река |
| **Sur** | Юг |
| **Territorio** | Территория |

## Geología
### Геология

| | |
|---|---|
| **Ácido** | Кислота |
| **Calcio** | Кальций |
| **Capa** | Слой |
| **Caverna** | Пещера |
| **Continente** | Континент |
| **Coral** | Коралл |
| **Cristales** | Кристаллы |
| **Cuarzo** | Кварц |
| **Erosión** | Эрозия |
| **Estalactita** | Сталактит |
| **Estalagmitas** | Сталагмиты |
| **Fósil** | Ископаемое |
| **Géiser** | Гейзер |
| **Lava** | Лава |
| **Meseta** | Плато |
| **Minerales** | Минералы |
| **Piedra** | Камень |
| **Sal** | Соль |
| **Terremoto** | Землетрясение |
| **Volcán** | Вулкан |

## Granja #1
### Ферма #1

| | |
|---|---|
| **Abeja** | Пчела |
| **Agua** | Вода |
| **Arroz** | Рис |
| **Burro** | Осел |
| **Caballo** | Лошадь |
| **Cabra** | Коза |
| **Campo** | Поле |
| **Cuervo** | Ворона |
| **Fertilizante** | Удобрение |
| **Gato** | Кошка |
| **Heno** | Сено |
| **Miel** | Мед |
| **Perro** | Собака |
| **Pollo** | Курица |
| **Rebaño** | Стадо |
| **Semillas** | Семена |
| **Ternero** | Телец |
| **Tierra** | Земля |
| **Vaca** | Корова |
| **Valla** | Забор |

## Granja #2
### Ферма #2

| | |
|---|---|
| **Agricultor** | Фермер |
| **Animales** | Животные |
| **Cebada** | Ячмень |
| **Colmena** | Улей |
| **Comida** | Еда |
| **Cordero** | Ягненок |
| **Fruta** | Фрукт |
| **Granero** | Амбар |
| **Huerto** | Сад |
| **Leche** | Молоко |
| **Llama** | Лама |
| **Maíz** | Кукуруза |
| **Oveja** | Овца |
| **Pastor** | Пасти |
| **Pato** | Утка |
| **Prado** | Луг |
| **Riego** | Орошение |
| **Tractor** | Трактор |
| **Trigo** | Пшеница |
| **Vegetal** | Овощ |

## Herboristería
### Тимбализм

| | |
|---|---|
| **Ajo** | Чеснок |
| **Albahaca** | Базилик |
| **Aromático** | Ароматический |
| **Azafrán** | Шафран |
| **Calidad** | Качество |
| **Culinario** | Кулинарный |
| **Eneldo** | Укроп |
| **Estragón** | Эстрагон |
| **Flor** | Цветок |
| **Hinojo** | Фенхель |
| **Ingrediente** | Ингредиент |
| **Jardín** | Сад |
| **Lavanda** | Лаванда |
| **Mejorana** | Майоран |
| **Menta** | Мята |
| **Perejil** | Петрушка |
| **Planta** | Растение |
| **Romero** | Розмарин |
| **Sabor** | Вкус |
| **Verde** | Зеленый |

## Herramientas
### Инструменты

| | |
|---|---|
| **Alicates** | Плоскогубцы |
| **Antorcha** | Факел |
| **Cable** | Кабель |
| **Cuchillo** | Нож |
| **Cuerda** | Веревка |
| **Escalera** | Лестница |
| **Grapadora** | Степлер |
| **Hacha** | Топор |
| **Martillo** | Молоток |
| **Navaja** | Бритва |
| **Pala** | Лопата |
| **Pegamento** | Клей |
| **Regla** | Правитель |
| **Rueda** | Колесо |
| **Tijeras** | Ножницы |
| **Tornillo** | Винт |

## Insectos
### Насекомые

| | |
|---|---|
| **Abeja** | Пчела |
| **Avispa** | Оса |
| **Avispón** | Шершень |
| **Áfido** | Тля |
| **Cigarra** | Цикада |
| **Cucaracha** | Таракан |
| **Escarabajo** | Жук |
| **Gusano** | Червь |
| **Hormiga** | Муравей |
| **Langosta** | Саранча |
| **Larva** | Личинка |
| **Libélula** | Стрекоза |
| **Mantis** | Богомол |
| **Mariposa** | Бабочка |
| **Mariquita** | Божья Коровка |
| **Mosquito** | Комар |
| **Pulga** | Блоха |
| **Saltamontes** | Кузнечик |
| **Termita** | Термит |

## Instrumentos Musicales
### Музыкальные Инструменты

| | |
|---|---|
| **Armónica** | Гармоника |
| **Arpa** | Арфа |
| **Banjo** | Банджо |
| **Clarinete** | Кларнет |
| **Fagot** | Фагот |
| **Flauta** | Флейта |
| **Gong** | Гонг |
| **Guitarra** | Гитара |
| **Mandolina** | Мандолина |
| **Marimba** | Маримба |
| **Oboe** | Гобой |
| **Pandereta** | Бубен |
| **Percusión** | Перкуссия |
| **Piano** | Пианино |
| **Saxofón** | Саксофон |
| **Tambor** | Барабан |
| **Trombón** | Тромбон |
| **Trompeta** | Труба |
| **Violín** | Скрипка |
| **Violonchelo** | Виолончель |

## Jardín
### Сад

| | |
|---|---|
| **Arbusto** | Куст |
| **Árbol** | Дерево |
| **Banco** | Скамья |
| **Césped** | Лужайка |
| **Estanque** | Пруд |
| **Flor** | Цветок |
| **Garaje** | Гараж |
| **Hamaca** | Гамак |
| **Hierba** | Трава |
| **Jardín** | Сад |
| **Malezas** | Сорняки |
| **Manguera** | Шланг |
| **Pala** | Лопата |
| **Porche** | Крыльцо |
| **Rastrillo** | Грабли |
| **Suelo** | Почва |
| **Terraza** | Терраса |
| **Trampolín** | Батут |
| **Valla** | Забор |

## Juguetes
### Игрушки

| Spanish | Russian |
|---|---|
| **Ajedrez** | Шахматы |
| **Arcilla** | Глина |
| **Artesanía** | Ремесла |
| **Avión** | Самолет |
| **Barco** | Лодка |
| **Bicicleta** | Велосипед |
| **Bola** | Мяч |
| **Camión** | Грузовик |
| **Coche** | Автомобиль |
| **Favorito** | Любимый |
| **Imaginación** | Воображение |
| **Juegos** | Игры |
| **Libros** | Книги |
| **Muñeca** | Кукла |
| **Pinturas** | Краски |
| **Robot** | Робот |
| **Rompecabezas** | Головоломка |
| **Tambores** | Барабаны |
| **Tren** | Поезд |

## Libros
### Книги

| Spanish | Russian |
|---|---|
| **Autor** | Автор |
| **Aventura** | Приключение |
| **Colección** | Коллекция |
| **Contexto** | Контекст |
| **Epopeya** | Эпический |
| **Escrito** | Написано |
| **Historia** | История |
| **Histórico** | Исторический |
| **Inmersión** | Погружение |
| **Lector** | Читатель |
| **Literario** | Литературный |
| **Narrador** | Рассказчик |
| **Novela** | Роман |
| **Palabras** | Слова |
| **Página** | Страница |
| **Pertinente** | Уместный |
| **Poema** | Стих |
| **Poesía** | Поэзия |
| **Serie** | Серии |
| **Trágico** | Трагический |

## Literatura
### Литература

| Spanish | Russian |
|---|---|
| **Analogía** | Аналогия |
| **Análisis** | Анализ |
| **Anécdota** | Анекдот |
| **Autor** | Автор |
| **Biografía** | Биография |
| **Comparación** | Сравнение |
| **Conclusión** | Заключение |
| **Descripción** | Описание |
| **Diálogo** | Диалог |
| **Estilo** | Стиль |
| **Metáfora** | Метафора |
| **Narrador** | Рассказчик |
| **Novela** | Роман |
| **Opinión** | Мнение |
| **Poema** | Стих |
| **Poético** | Поэтика |
| **Rima** | Рифма |
| **Ritmo** | Ритм |
| **Tema** | Тема |
| **Tragedia** | Трагедия |

## Mamíferos
### Млекопитающие

| Spanish | Russian |
|---|---|
| **Ballena** | Кит |
| **Burro** | Осел |
| **Caballo** | Лошадь |
| **Camello** | Верблюд |
| **Canguro** | Кенгуру |
| **Cebra** | Зебра |
| **Conejo** | Кролик |
| **Coyote** | Койот |
| **Delfín** | Дельфин |
| **Elefante** | Слон |
| **Gato** | Кошка |
| **Gorila** | Горилла |
| **Jirafa** | Жираф |
| **Lobo** | Волк |
| **Mono** | Обезьяна |
| **Oso** | Медведь |
| **Oveja** | Овца |
| **Perro** | Собака |
| **Toro** | Бык |
| **Zorro** | Лиса |

## Mascotas
### Домашние Животные

| Spanish | Russian |
|---|---|
| **Agua** | Вода |
| **Cabra** | Коза |
| **Cachorro** | Щенок |
| **Cola** | Хвост |
| **Collar** | Воротник |
| **Comida** | Еда |
| **Conejo** | Кролик |
| **Correa** | Поводок |
| **Garras** | Когти |
| **Gato** | Кошка |
| **Hámster** | Хомяк |
| **Lagarto** | Ящерица |
| **Loro** | Попугай |
| **Patas** | Лапы |
| **Perro** | Собака |
| **Pescado** | Рыба |
| **Ratón** | Мышь |
| **Tortuga** | Черепаха |
| **Vaca** | Корова |
| **Veterinario** | Ветеринар |

## Matemáticas
### Математика

| | |
|---|---|
| **Aritmética** | Арифметика |
| **Ángulos** | Углы |
| **Cuadrado** | Площадь |
| **Decimal** | Десятичный |
| **Diámetro** | Диаметр |
| **Ecuación** | Уравнение |
| **Esfera** | Сфера |
| **Exponente** | Экспонент |
| **Fracción** | Фракция |
| **Geometría** | Геометрия |
| **Números** | Числа |
| **Paralelo** | Параллель |
| **Perímetro** | Периметр |
| **Perpendicular** | Перпендикуляр |
| **Polígono** | Полигон |
| **Radio** | Радиус |
| **Rectángulo** | Прямоугольник |
| **Simetría** | Симметрия |
| **Triángulo** | Треугольник |
| **Volumen** | Объем |

## Mediciones
### Измерения

| | |
|---|---|
| **Altura** | Высота |
| **Ancho** | Ширина |
| **Byte** | Байт |
| **Centímetro** | Сантиметр |
| **Decimal** | Десятичный |
| **Grado** | Степень |
| **Gramo** | Грамм |
| **Kilogramo** | Килограмм |
| **Kilómetro** | Километр |
| **Litro** | Литр |
| **Longitud** | Длина |
| **Masa** | Масса |
| **Metro** | Метр |
| **Minuto** | Минута |
| **Onza** | Унция |
| **Peso** | Вес |
| **Profundidad** | Глубина |
| **Pulgada** | Дюйм |
| **Tonelada** | Тонна |
| **Volumen** | Объем |

## Meditación
### Медитация

| | |
|---|---|
| **Aceptación** | Принятие |
| **Atención** | Внимание |
| **Bondad** | Доброта |
| **Calma** | Спокойный |
| **Claridad** | Ясность |
| **Compasión** | Сострадание |
| **Emociones** | Эмоции |
| **Gratitud** | Благодарность |
| **Mental** | Умственный |
| **Mente** | Ум |
| **Movimiento** | Движение |
| **Música** | Музыка |
| **Naturaleza** | Природа |
| **Observación** | Наблюдение |
| **Paz** | Мир |
| **Pensamientos** | Мысли |
| **Perspectiva** | Перспектива |
| **Postura** | Поза |
| **Respiración** | Дыхание |
| **Silencio** | Тишина |

## Mitología
### Мифология

| | |
|---|---|
| **Arquetipo** | Архетип |
| **Celos** | Ревность |
| **Cielo** | Небеса |
| **Comportamiento** | Поведение |
| **Creación** | Создание |
| **Creencias** | Убеждения |
| **Criatura** | Существо |
| **Cultura** | Культура |
| **Desastre** | Катастрофа |
| **Fuerza** | Сила |
| **Guerrero** | Воин |
| **Héroe** | Герой |
| **Inmortalidad** | Бессмертие |
| **Laberinto** | Лабиринт |
| **Leyenda** | Легенда |
| **Monstruo** | Монстр |
| **Mortal** | Смертный |
| **Rayo** | Молния |
| **Trueno** | Гром |
| **Venganza** | Месть |

## Mueble
### Мебель

| | |
|---|---|
| **Alfombra** | Коврик |
| **Almohada** | Подушка |
| **Banco** | Скамья |
| **Cama** | Кровать |
| **Cojines** | Подушки |
| **Colchón** | Матрас |
| **Cortinas** | Шторы |
| **Escritorio** | Стол |
| **Espejo** | Зеркало |
| **Estantes** | Полки |
| **Futón** | Футон |
| **Hamaca** | Гамак |
| **Lámpara** | Лампа |
| **Silla** | Стул |
| **Sillón** | Кресло |
| **Sofá** | Диван |

## Naturaleza
### Природа

| | |
|---|---|
| **Abejas** | Пчелы |
| **Animales** | Животные |
| **Ártico** | Арктический |
| **Belleza** | Красота |
| **Bosque** | Лес |
| **Desierto** | Пустыня |
| **Dinámico** | Динамический |
| **Erosión** | Эрозия |
| **Follaje** | Листва |
| **Glaciar** | Ледник |
| **Montañas** | Горы |
| **Niebla** | Туман |
| **Nubes** | Облака |
| **Pacífico** | Мирный |
| **Refugio** | Укрытие |
| **Río** | Река |
| **Salvaje** | Дикий |
| **Santuario** | Святилище |
| **Sereno** | Безмятежный |
| **Tropical** | Тропический |

## Nutrición
### Питание

| | |
|---|---|
| Amargo | Горький |
| Apetito | Аппетит |
| Calidad | Качество |
| Calorías | Калории |
| Carbohidratos | Углеводы |
| Cereales | Хлопья |
| Comestible | Съедобный |
| Dieta | Диета |
| Digestión | Пищеварение |
| Fermentación | Ферментация |
| Hábitos | Привычки |
| Nutriente | Нутриент |
| Peso | Вес |
| Proteínas | Белки |
| Sabor | Вкус |
| Salsa | Соус |
| Salud | Здоровье |
| Saludable | Здоровый |
| Toxina | Токсин |
| Vitamina | Витамин |

## Números
### Цифры

| | |
|---|---|
| Catorce | Четырнадцать |
| Cero | Нуль |
| Cinco | Пять |
| Cuatro | Четыре |
| Decimal | Десятичный |
| Diecinueve | Девятнадцать |
| Dieciocho | Восемнадцать |
| Dieciséis | Шестнадцать |
| Diecisiete | Семнадцать |
| Diez | Десять |
| Doce | Двенадцать |
| Dos | Два |
| Nueve | Девять |
| Ocho | Восемь |
| Quince | Пятнадцать |
| Seis | Шесть |
| Siete | Семь |
| Trece | Тринадцать |
| Tres | Три |
| Veinte | Двадцать |

## Océano
### Океан

| | |
|---|---|
| Alga | Водоросли |
| Anguila | Угорь |
| Arrecife | Риф |
| Atún | Тунец |
| Ballena | Кит |
| Barco | Лодка |
| Camarón | Креветка |
| Cangrejo | Краб |
| Coral | Коралл |
| Delfín | Дельфин |
| Esponja | Губка |
| Mareas | Приливы |
| Medusa | Медуза |
| Ostra | Устрица |
| Pescado | Рыба |
| Pulpo | Осьминог |
| Sal | Соль |
| Tiburón | Акула |
| Tormenta | Буря |
| Tortuga | Черепаха |

## Paisajes
### Пейзажи

| | |
|---|---|
| Cascada | Водопад |
| Cueva | Пещера |
| Desierto | Пустыня |
| Géiser | Гейзер |
| Glaciar | Ледник |
| Golfo | Залив |
| Iceberg | Айсберг |
| Isla | Остров |
| Lago | Озеро |
| Laguna | Лагуна |
| Mar | Море |
| Montaña | Гора |
| Oasis | Оазис |
| Pantano | Болото |
| Península | Полуостров |
| Playa | Пляж |
| Río | Река |
| Tundra | Тундра |
| Valle | Долина |
| Volcán | Вулкан |

## Países #2
### Страны #2

| | |
|---|---|
| Albania | Албания |
| Australia | Австралия |
| Austria | Австрия |
| Dinamarca | Дания |
| Etiopía | Эфиопия |
| Francia | Франция |
| Grecia | Греция |
| Indonesia | Индонезия |
| Irlanda | Ирландия |
| Jamaica | Ямайка |
| Japón | Япония |
| Laos | Лаос |
| México | Мексика |
| Pakistán | Пакистан |
| Portugal | Португалия |
| Rusia | Россия |
| Siria | Сирия |
| Sudán | Судан |
| Ucrania | Украина |
| Uganda | Уганда |

## Pájaros
### Птицы

| | |
|---|---|
| Avestruz | Страус |
| Águila | Орел |
| Cigüeña | Аист |
| Cisne | Лебедь |
| Cuco | Кукушка |
| Cuervo | Ворона |
| Flamenco | Фламинго |
| Ganso | Гусь |
| Garza | Цапля |
| Gaviota | Чайка |
| Gorrión | Воробей |
| Halcón | Ястреб |
| Huevo | Яйцо |
| Loro | Попугай |
| Paloma | Голубь |
| Pato | Утка |
| Pelícano | Пеликан |
| Pingüino | Пингвин |
| Pollo | Курица |
| Tucán | Тукан |

## Pesca
### Рыбалка

| | |
|---|---|
| **Agua** | Вода |
| **Aletas** | Плавники |
| **Barco** | Лодка |
| **Branquias** | Жабры |
| **Cable** | Провод |
| **Cebo** | Приманка |
| **Cesta** | Корзина |
| **Cocinar** | Повар |
| **Equipo** | Оборудование |
| **Exageración** | Преувеличение |
| **Gancho** | Крюк |
| **Lago** | Озеро |
| **Mandíbula** | Челюсть |
| **Océano** | Океан |
| **Paciencia** | Терпение |
| **Peso** | Вес |
| **Playa** | Пляж |
| **Río** | Река |
| **Temporada** | Сезон |

## Piratas
### Пираты

| | |
|---|---|
| **Ancla** | Якорь |
| **Aventura** | Приключение |
| **Bandera** | Флаг |
| **Brújula** | Компас |
| **Capitán** | Капитан |
| **Cicatriz** | Шрам |
| **Cueva** | Пещера |
| **Espada** | Меч |
| **Isla** | Остров |
| **Leyenda** | Легенда |
| **Loro** | Попугай |
| **Malo** | Плохой |
| **Mapa** | Карта |
| **Monedas** | Монеты |
| **Oro** | Золото |
| **Peligro** | Опасность |
| **Playa** | Пляж |
| **Ron** | Ром |
| **Tesoro** | Сокровище |
| **Tripulación** | Экипаж |

## Plantas
### Растения

| | |
|---|---|
| **Arbusto** | Куст |
| **Árbol** | Дерево |
| **Bambú** | Бамбук |
| **Baya** | Ягода |
| **Bosque** | Лес |
| **Botánica** | Ботаника |
| **Cactus** | Кактус |
| **Fertilizante** | Удобрение |
| **Flor** | Цветок |
| **Flora** | Флора |
| **Follaje** | Листва |
| **Frijol** | Боб |
| **Hiedra** | Плющ |
| **Hierba** | Трава |
| **Hoja** | Лист |
| **Jardín** | Сад |
| **Musgo** | Мох |
| **Pétalo** | Лепесток |
| **Raíz** | Корень |
| **Sol** | Солнце |

## Playa
### Пляж

| | |
|---|---|
| **Arena** | Песок |
| **Arrecife** | Риф |
| **Azul** | Синий |
| **Barco** | Лодка |
| **Cangrejo** | Краб |
| **Costa** | Побережье |
| **Isla** | Остров |
| **Laguna** | Лагуна |
| **Mar** | Море |
| **Nadar** | Плавать |
| **Océano** | Океан |
| **Paraguas** | Зонтик |
| **Sandalias** | Сандалии |
| **Sol** | Солнце |
| **Toalla** | Полотенце |
| **Vacaciones** | Отпуск |

## Profesiones #1
### Профессии #1

| | |
|---|---|
| **Abogado** | Адвокат |
| **Astrónomo** | Астроном |
| **Atleta** | Спортсмен |
| **Bailarín** | Танцор |
| **Banquero** | Банкир |
| **Bombero** | Пожарный |
| **Cartógrafo** | Картограф |
| **Cazador** | Охотник |
| **Doctor** | Врач |
| **Editor** | Редактор |
| **Embajador** | Посол |
| **Enfermera** | Медсестра |
| **Entrenador** | Тренер |
| **Fontanero** | Водопроводчик |
| **Geólogo** | Геолог |
| **Joyero** | Ювелир |
| **Músico** | Музыкант |
| **Pianista** | Пианист |
| **Psicólogo** | Психолог |
| **Veterinario** | Ветеринар |

## Profesiones #2
### Профессии #2

| | |
|---|---|
| **Astronauta** | Астронавт |
| **Bibliotecario** | Библиотекарь |
| **Biólogo** | Биолог |
| **Cirujano** | Хирург |
| **Dentista** | Стоматолог |
| **Detective** | Детектив |
| **Filósofo** | Философ |
| **Fotógrafo** | Фотограф |
| **Ilustrador** | Иллюстратор |
| **Ingeniero** | Инженер |
| **Inventor** | Изобретатель |
| **Investigador** | Исследователь |
| **Jardinero** | Садовник |
| **Lingüista** | Лингвист |
| **Médico** | Врач |
| **Periodista** | Журналист |
| **Piloto** | Пилот |
| **Pintor** | Художник |
| **Profesor** | Учитель |
| **Zoólogo** | Зоолог |

## Rellenar
### Заполнить

| | | | |
|---|---|---|---|
| **Bandeja** | Лоток |
| **Barril** | Бочка |
| **Bolsa** | Сумка |
| **Bolsillo** | Карман |
| **Botella** | Бутылка |
| **Caja** | Коробка |
| **Carpeta** | Папка |
| **Cartón** | Картон |
| **Cesta** | Корзина |
| **Cubo** | Ведро |
| **Cuenca** | Бассейн |
| **Jarrón** | Ваза |
| **Maleta** | Чемодан |
| **Paquete** | Пакет |
| **Sobre** | Конверт |
| **Tarro** | Банка |
| **Tubo** | Трубка |

## Restaurante #1
### Ресторан #1

| | |
|---|---|
| **Alergia** | Аллергия |
| **Café** | Кофе |
| **Cajero** | Кассир |
| **Camarera** | Официантка |
| **Carne** | Мясо |
| **Cocina** | Кухня |
| **Comida** | Еда |
| **Cuchillo** | Нож |
| **Ingredientes** | Ингредиенты |
| **Menú** | Меню |
| **Pan** | Хлеб |
| **Picante** | Пряный |
| **Pollo** | Курица |
| **Postre** | Десерт |
| **Reserva** | Бронирование |
| **Salsa** | Соус |
| **Servilleta** | Салфетка |
| **Tazón** | Чаша |

## Restaurante #2
### Ресторан #2

| | |
|---|---|
| **Agua** | Вода |
| **Aperitivo** | Закуска |
| **Bebida** | Напиток |
| **Camarero** | Официант |
| **Cena** | Обед |
| **Cuchara** | Ложка |
| **Delicioso** | Вкусный |
| **Ensalada** | Салат |
| **Especias** | Специи |
| **Fideos** | Лапша |
| **Fruta** | Фрукт |
| **Hielo** | Лед |
| **Huevos** | Яйца |
| **Pastel** | Торт |
| **Pescado** | Рыба |
| **Sal** | Соль |
| **Silla** | Стул |
| **Sopa** | Суп |
| **Tenedor** | Вилка |
| **Verduras** | Овощи |

## Ropa
### Одежда

| | |
|---|---|
| **Abrigo** | Пальто |
| **Blusa** | Блуза |
| **Bufanda** | Шарф |
| **Calcetines** | Носки |
| **Camisa** | Рубашка |
| **Chaqueta** | Куртка |
| **Cinturón** | Пояс |
| **Collar** | Ожерелье |
| **Delantal** | Фартук |
| **Falda** | Юбка |
| **Guantes** | Перчатки |
| **Moda** | Мода |
| **Pantalones** | Брюки |
| **Pijama** | Пижама |
| **Pulsera** | Браслет |
| **Sandalias** | Сандалии |
| **Sombrero** | Шляпа |
| **Suéter** | Свитер |
| **Vestido** | Платье |
| **Zapato** | Обувь |

## Selva Tropical
### Тропический Лес

| | |
|---|---|
| **Anfibios** | Амфибии |
| **Botánico** | Ботанический |
| **Clima** | Климат |
| **Comunidad** | Сообщество |
| **Diversidad** | Разнообразие |
| **Especie** | Вид |
| **Insectos** | Насекомые |
| **Mamíferos** | Млекопитающие |
| **Musgo** | Мох |
| **Naturaleza** | Природа |
| **Nubes** | Облака |
| **Pájaros** | Птицы |
| **Preservación** | Сохранение |
| **Refugio** | Убежище |
| **Respeto** | Уважение |
| **Selva** | Джунгли |
| **Supervivencia** | Выживание |
| **Valioso** | Ценный |

## Senderismo
### Пеший Туризм

| | |
|---|---|
| **Acantilado** | Утес |
| **Agua** | Вода |
| **Animales** | Животные |
| **Botas** | Ботинки |
| **Camping** | Кемпинг |
| **Cansado** | Усталый |
| **Clima** | Климат |
| **Cumbre** | Саммит |
| **Mapa** | Карта |
| **Montaña** | Гора |
| **Naturaleza** | Природа |
| **Orientación** | Ориентация |
| **Parques** | Парки |
| **Pesado** | Тяжелый |
| **Piedras** | Камни |
| **Preparación** | Подготовка |
| **Salvaje** | Дикий |
| **Sol** | Солнце |

## Suministros de Arte
### Художественные Принадлежности

| | |
|---|---|
| Aceite | Масло |
| Acrílico | Акриловый |
| Acuarelas | Акварели |
| Agua | Вода |
| Arcilla | Глина |
| Borrador | Ластик |
| Caballete | Мольберт |
| Cámara | Камера |
| Cepillos | Щетки |
| Colores | Цвета |
| Creatividad | Креативность |
| Ideas | Идеи |
| Lápices | Карандаши |
| Mesa | Стол |
| Papel | Бумага |
| Pasteles | Пастели |
| Pegamento | Клей |
| Pinturas | Краски |
| Silla | Стул |
| Tinta | Чернила |

## Surf
### Серфинг

| | |
|---|---|
| Arrecife | Риф |
| Atleta | Спортсмен |
| Campeón | Чемпион |
| Clima | Погода |
| Diversión | Веселье |
| Espuma | Пена |
| Estilo | Стиль |
| Estómago | Желудок |
| Extremo | Экстремальный |
| Fuerza | Сила |
| Multitudes | Толпы |
| Nadar | Плавать |
| Océano | Океан |
| Ola | Волна |
| Playa | Пляж |
| Popular | Популярный |
| Principiante | Начинающий |
| Remo | Весло |
| Velocidad | Скорость |

## Tecnología
### Технология

| | |
|---|---|
| Archivo | Файл |
| Blog | Блог |
| Bytes | Байтов |
| Cámara | Камера |
| Cursor | Курсор |
| Datos | Данные |
| Digital | Цифровой |
| Estadísticas | Статистика |
| Fuente | Шрифт |
| Internet | Интернет |
| Investigación | Исследование |
| Mensaje | Сообщение |
| Navegador | Браузера |
| Ordenador | Компьютер |
| Pantalla | Экран |
| Seguridad | Безопасность |
| Virtual | Виртуальный |
| Virus | Вирус |

## Tiempo
### Время

| | |
|---|---|
| Ahora | Сейчас |
| Antes | До |
| Anual | Ежегодный |
| Año | Год |
| Ayer | Вчера |
| Calendario | Календарь |
| Década | Десятилетие |
| Día | День |
| Futuro | Будущее |
| Hora | Час |
| Hoy | Сегодня |
| Mañana | Утро |
| Mediodía | Полдень |
| Mes | Месяц |
| Minuto | Минута |
| Momento | Момент |
| Noche | Ночь |
| Reloj | Часы |
| Semana | Неделя |
| Siglo | Век |

## Tipos de Cabello
### Типы Волос

| | |
|---|---|
| Blanco | Белый |
| Brillante | Блестящий |
| Cabelludo | Скальп |
| Calvo | Лысый |
| Corto | Короткая |
| Delgada | Тонкий |
| Gris | Серый |
| Grueso | Толстый |
| Largo | Длинный |
| Marrón | Коричневый |
| Negro | Черный |
| Plata | Серебро |
| Rizado | Кудрявый |
| Rizos | Кудри |
| Rubio | Блондин |
| Saludable | Здоровый |
| Seco | Сухой |
| Suave | Мягкий |
| Trenzado | Плетеный |
| Trenzas | Косы |

## Vacaciones #1
### Отпуск #1

| | |
|---|---|
| Aduana | Таможня |
| Avión | Самолет |
| Billete | Билет |
| Coche | Автомобиль |
| Expedición | Экспедиция |
| Itinerario | Маршрут |
| Lago | Озеро |
| Maleta | Чемодан |
| Mochila | Рюкзак |
| Moneda | Валюта |
| Museo | Музей |
| Nadar | Плавать |
| Paraguas | Зонтик |
| Relajación | Релаксация |
| Tranvía | Трамвай |
| Turista | Турист |

## Vacaciones #2
### Отпуск #2

| | |
|---|---|
| **Aeropuerto** | Аэропорт |
| **Carpa** | Палатка |
| **Extranjero** | Иностранный |
| **Fotos** | Фото |
| **Hotel** | Отель |
| **Isla** | Остров |
| **Mapa** | Карта |
| **Mar** | Море |
| **Montañas** | Горы |
| **Ocio** | Досуг |
| **Pasaporte** | Паспорт |
| **Playa** | Пляж |
| **Reservas** | Бронирование |
| **Restaurante** | Ресторан |
| **Taxi** | Такси |
| **Transporte** | Транспорт |
| **Tren** | Поезд |
| **Vacaciones** | Праздник |
| **Viaje** | Путешествие |
| **Visa** | Виза |

## Vehículos
### Транспортные Средства

| | |
|---|---|
| **Autobús** | Автобус |
| **Avión** | Самолет |
| **Balsa** | Плот |
| **Barco** | Лодка |
| **Bicicleta** | Велосипед |
| **Camión** | Грузовик |
| **Caravana** | Караван |
| **Coche** | Автомобиль |
| **Cohete** | Ракета |
| **Ferry** | Паром |
| **Furgoneta** | Фургон |
| **Helicóptero** | Вертолет |
| **Lanzadera** | Челнок |
| **Metro** | Метро |
| **Motor** | Мотор |
| **Neumáticos** | Шины |
| **Scooter** | Скутер |
| **Taxi** | Такси |
| **Tractor** | Трактор |
| **Tren** | Поезд |

## Verano
### Лето

| | |
|---|---|
| **Alegría** | Радость |
| **Amigos** | Друзья |
| **Buceo** | Ныряние |
| **Camping** | Кемпинг |
| **Comida** | Еда |
| **Estrellas** | Звезды |
| **Familia** | Семья |
| **Hogar** | Дом |
| **Jardín** | Сад |
| **Juegos** | Игры |
| **Libros** | Книги |
| **Mar** | Море |
| **Música** | Музыка |
| **Nadar** | Плавать |
| **Ocio** | Досуг |
| **Playa** | Пляж |
| **Recuerdos** | Воспоминания |
| **Relajación** | Релаксация |
| **Sandalias** | Сандалии |
| **Vacaciones** | Отпуск |

## Verduras
### Овощи

| | |
|---|---|
| **Ajo** | Чеснок |
| **Alcachofa** | Артишок |
| **Apio** | Сельдерей |
| **Berenjena** | Баклажан |
| **Brócoli** | Брокколи |
| **Calabaza** | Тыква |
| **Cebolla** | Лук |
| **Ensalada** | Салат |
| **Espinacas** | Шпинат |
| **Guisante** | Горох |
| **Jengibre** | Имбирь |
| **Nabo** | Репа |
| **Oliva** | Оливка |
| **Patata** | Картофель |
| **Pepino** | Огурец |
| **Perejil** | Петрушка |
| **Rábano** | Редис |
| **Seta** | Гриб |
| **Tomate** | Помидор |
| **Zanahoria** | Морковь |

# Enhorabuena

## Lo has conseguido!

Esperamos que hayas disfrutado de este libro tanto como nosotros al diseñarlo. Nos esforzamos por crear libros de la máxima calidad posible.
Esta edición está diseñada para proporcionar un aprendizaje inteligente, de calidad y divertido!

¿Te ha gustado este libro?

-------

Una Petición Sencilla

Estos libros existen gracias a las reseñas que se publican.
¿Podrías ayudarnos dejando una reseña ahora?
Aquí tienes un breve enlace a la página de reseñas

BestBooksActivity.com/Opiniones50

# ¡DESAFÍO FINAL!

## Reto n°1

¿Estás listo para tu juego gratis? Los utilizamos siempre, pero no son tan fáciles de encontrar. ¡Aquí están los **Sinónimos!**
Escribe 5 palabras que hayas encontrado en los rompecabezas (#21, #36, #76) y trata de encontrar 2 sinónimos para cada palabra.

*Escriba 5 palabras del **Puzzle 21***

| Palabras | Sinónimo 1 | Sinónimo 2 |
|---|---|---|
|  |  |  |
|  |  |  |
|  |  |  |
|  |  |  |
|  |  |  |

*Escriba 5 palabras del **Puzzle 36***

| Palabras | Sinónimo 1 | Sinónimo 2 |
|---|---|---|
|  |  |  |
|  |  |  |
|  |  |  |
|  |  |  |
|  |  |  |

*Escriba 5 palabras del **Puzzle 76***

| Palabras | Sinónimo 1 | Sinónimo 2 |
|---|---|---|
|  |  |  |
|  |  |  |
|  |  |  |
|  |  |  |
|  |  |  |

# Reto n°2

Ahora que te has calentado, escribe 5 palabras que hayas encontrado en los Puzzles 9, 17 y 25 e intenta encontrar 2 antónimos para cada palabra. ¿Cuántos puedes encontrar en 20 minutos?

*Escriba 5 palabras del* **Puzzle 9**

| Palabras | Antónimo 1 | Antónimo 2 |
|----------|------------|------------|
|          |            |            |
|          |            |            |
|          |            |            |
|          |            |            |
|          |            |            |

*Escriba 5 palabras del* **Puzzle 17**

| Palabras | Antónimo 1 | Antónimo 2 |
|----------|------------|------------|
|          |            |            |
|          |            |            |
|          |            |            |
|          |            |            |
|          |            |            |

*Escriba 5 palabras del* **Puzzle 25**

| Palabras | Antónimo 1 | Antónimo 2 |
|----------|------------|------------|
|          |            |            |
|          |            |            |
|          |            |            |
|          |            |            |
|          |            |            |

# Reto n°3

¡Genial! Este desafío final no es nada para ti.

¿Preparado para el reto final? Elige 10 palabras que hayas descubierto en los diferentes rompecabezas y escríbelas a continuación.

| | |
|---|---|
| 1. | 6. |
| 2. | 7. |
| 3. | 8. |
| 4. | 9. |
| 5. | 10. |

Ahora escribe un texto pensando en una persona, un animal o un lugar que te guste.

*Puedes usar la última página de este libro como borrador.*

## Tu Composición:

# CUADERNO DE NOTAS :

# HASTA PRONTO !

*Todo el Equipo*

# DESCUBRA JUEGOS GRATIS

**GO**

↓

**BESTACTIVITYBOOKS.COM/FREEGAMES**